D1748401

Forum Datenschutz

Herausgegeben von
Prof. Dr. Friedrich von Zezschwitz
Norbert Kartmann

Band 11

Norbert Kartmann / Friedrich von Zezschwitz (Hrsg.)

Datenschutz in der mobilen Welt – Realität oder Utopie?

Nomos

Die Deutsche Bibliothek – CIP-Einheitsaufnahme

Die Deutsche Bibliothek verzeichnet diese Publikation in
der Deutschen Nationalbibliografie; detaillierte bibliografische
Daten sind im Internet über http://dnb.ddb.de abrufbar.

ISBN 3-8329-1243-6

1. Auflage 2005
© Nomos Verlagsgesellschaft, Baden-Baden 2005. Printed in Germany. Alle Rechte, auch die des Nachdrucks von Auszügen, der fotomechanischen Wiedergabe und der Übersetzung, vorbehalten. Gedruckt auf alterungsbeständigem Papier.

Inhaltsverzeichnis

Vorwort 7

Vorbemerkung der Herausgeber 8

Begrüßung und Einführung

Norbert Kartmann, Präsident des Hessischen Landtages 9

Professor Dr. Friedrich von Zezschwitz, Hessischer Datenschutzbeauftragter 13

Referate

Prof. Dr. Claudia Eckert
TU Darmstadt,
Mobile Kommunikation: Technik und Sicherheitsprobleme 17

Matthias Etrich
Leiter Security Integration Services Systems Integration,
ITC-Security T-Systems, Nova GmbH, Darmstadt
Demonstration von Sicherheitslücken in drahtlosen Netzen 53

Prof. Dr. Kai Rannenberg
Universität Frankfurt am Main
Mobile Anwendungen und mehrseitige Sicherheit 63

Dr. Joachim Rieß
DaimlerCrysler AG
Mobilitätsprofile – eine neue Herausforderung für den Datenschutz 127

Dr. Ulrich Wuermeling, LLP
Latham & Watkins LLP, Frankfurt am Main
Rechtliche Grenzen des Einsatzes beim digitalen Direktmarketing 139

Vorwort

Der vorgelegte Band ist den datenschutzrechtlichen Risiken gewidmet, die die stark wachsenden mobilen Technologien mit sich bringen. Gegenstand der Vorträge ist die Frage, ob Datenschutz in einer mobilen Welt überhaupt noch gewährleistet werden kann. Mobile Technologien erfassen nahezu alle Gegenstände des privaten wie des öffentlichen Lebens, bestimmen E-Government und E-Commerce, den Zugang zu staatlichen und gewerblichen Datenbanken. Daneben entstehen örtliche und Firmennetze, die teils öffentlich zugänglich, teils gegen Dritte abgeschottet sind. Stichworte sind Wireless LANs, Bluetooth, UMTS, Multimedia-Messages und Personal Digital Assistant-Funktionen. Zum Einsatz kommen Laptops, Handhelds und Handys mit Multifunktionen und Standbildkameras für Videoaufnahmen.

Der erste Teil des Tagungsbandes befasst sich mit den allgemeinen sicherheitstechnischen Problemen in drahtlosen Netzen nach GSM, GPRS und UMTS-Standard sowie in den funkgesteuerten Nahbereichsnetzen (Wireless LAN, Bluetooth) und den spezifischen Problemen, die mobile Anwendungen im E-Commerce, im E-Government aufwerfen. Behandelt sind auch Location Based Services am Beispiel von Body Area Networks in Krankenhäusern und bei Pflegediensten, aktuelle Vorhaben zum Notrufmanagement und zum Katastrophenschutz. Der zweite Teil befasst sich mit den Datenerfassungen des Straßenverkehrs und den gesellschaftspolitischen und datenschutzrechtlichen Fragen beim E-Government, E-Commerce und im Gesundheitswesen. Besonderes Augenmerk findet die stetig ausgebaute Technik, Bewegungs- und Nutzungsprofile zu erstellen, die für Fernverkehrsunternehmen wirtschaftliche Vorteile, für sonstige überwachte Personen aber nur Nachteile aufweist.

Die nach den Vorträgen entstandene Diskussion hat eine Vielzahl weiterer Facetten beleuchtet. Die dabei entstandenen Schwerpunkte zeigen die Resonanz, die die einzelnen Problembereiche gefunden haben. Alle Diskussionsbeiträge sind deswegen mit abgedruckt.

Wiesbaden, im September 2003   *Norbert Kartmann*
                                          Friedrich von Zezschwitz

Vorbemerkung der Herausgeber

Die - vielfach in freier Rede gehaltenen - Referate wurden teilweise von den Verfasserinnen und Verfassern überarbeitet; dabei wurde bewusst der Charakter des gesprochenen Wortes soweit wie möglich beibehalten. Alle Referate und Beiträge liegen in der alleinigen Verantwortung der Autoren.

Norbert Kartmann,
Präsident des Hessischen Landtags:

Sehr geehrter Herr Professor Dr. von Zezschwitz, meine sehr geehrten Damen und Herren, im Namen des Hessischen Landtages begrüße ich Sie herzlich zum 12. Wiesbadener Forum Datenschutz. Eine stolze Zahl; das Dutzend ist voll.

Der Grund dafür, dass die Veranstaltung wieder im „hochehrwürdigen" Plenarsaal des Landtags stattfindet, liegt übrigens darin, dass wir nicht umbauen. Daher haben Sie, sofern Sie den Plenarsaal noch nicht kennen, heute Gelegenheit, ihn kennen zu lernen. Ich gehe davon aus, dass das Datenschutzforum des nächsten Jahres auch noch hier stattfinden wird.

Gerne habe ich die Tradition meiner Vorgänger fortgesetzt und Sie gemeinsam mit dem Hessischen Datenschutzbeauftragten, Herrn Professor Dr. von Zezschwitz, zu dieser Veranstaltung eingeladen, die sicherlich genauso wie die bisherigen Foren nicht nur in Hessen auf starke Beachtung treffen wird.

Herzlich begrüßen darf ich den Vorsitzenden des Hauptausschusses und Verfassungsschutzausschusses des Hessischen Landtages, den Herrn Abgeordneten Armin Klein hier aus Wiesbaden. Auch darf ich den Vertreter der Landesregierung, Herrn Staatssekretär Lemke, begrüßen. Ich nenne nicht seinen Titel, sage aber, dass er dem Finanzministerium zugeordnet ist und sich mit allem zu beschäftigen hat, was mit der neuen Verwaltungssteuerung zu tun hat und sehr nah am Thema ist. – Herzlich willkommen, Herr Staatssekretär, bei Ihrer Premiere beim Datenschutzforum im Lande Hessen.

Mit unserem heutigen Thema „Datenschutz in der mobilen Welt – Realität oder Utopie?" greift unser Forum erneut eine hoch aktuelle Fragestellung auf, die dringend einer Beantwortung bedarf. Die Zahl der Anmeldungen zu dieser Veranstaltung zeigt, dass dieses Thema in Fachkreisen von höchster Bedeutung ist.

Während noch vor zehn Jahren die Besitzer von Mobiltelefonen eine eher überschaubare Zahl waren, ist heute das so genannte „Handy" ein fester Bestandteil des Alltagslebens von Millionen von Menschen weltweit. Die internationale Funkausstellung in Berlin, die erst vor wenigen Tagen ihre Tore schloss, hat erneut gezeigt, dass die mobile Kommunikation zur Zeit eine fast schon explosionsartige Entwicklung durchlebt.

Fasziniert – oder auch nicht fasziniert; das ist eine Frage der Anschauung – kann man in der Wiesbadener Innenstadt bereits Menschen beobachten, die mit ihrem Laptop im Freien sitzen und drahtlos im Internet surfen oder mit ihrer Firma kommunizieren. Technologien wie Wireless LAN, Bluetooth und UMTS werden schon in wenigen Jahren eine Selbstverständlichkeit in unserer technischen Welt sein. Gleichzeitig stellt sich immer dringender die Frage, wie der Datenschutz im Bereich der mobilen Kommunikation gewährleistet werden kann. Ist es möglich, den Standard, den wir in der drahtgebundenen Kommunikation erreicht haben, ungeschmälert zu übertragen? Wie kann die unbefugte und verdeckte Ausforschung, aber auch die Manipulation durch unberechtigte Dritte verhindert werden? Die Sicherheit des Zahlungsverkehrs und rechtsverbindlicher Erklärungen mit mobilen Endgeräten erfordert unsere ganz besondere Aufmerksamkeit, wenn wir nicht ein neues Betätigungsfeld für kriminelle Energien schaffen wollen, wohl wissend, dass diese niemals in unserem Leben ausgeschlossen sind.

Das zukunftsweisende Thema unseres heutigen Treffens setzt die nun schon mehr als dreißigjährige Tradition dieses Hauses fort, für die Fortentwicklung des Datenschutzes ein Forum zu bieten. In diesem Plenarsaal nahm die Debatte ihren Anfang, die den Datenschutz zu einem wichtigen Teil der bundesrepublikanischen Gesetzgebung machte. Ich hoffe, dass es uns heute gelingt, entscheidende Impulse zu setzen, die dazu beitragen, dass der Datenschutz in der mobilen Welt keine Utopie bleibt.

In dieses spannende Thema wird uns sogleich Herr Professor Dr. von Zezschwitz einführen. Ebenfalls darf ich die Moderation der weiteren Veranstaltung in seine professionellen Hände legen, da der Präsident des Hessischen Landtages, unter dessen Dach der Datenschutzbeauftragte firmiert, genauso wenig wie sein Vorgänger von sich behaupten kann, dass er ein Datenschutzexperte sei. Im Gegenteil sind wir Teil der Aufgabe des Datenschutzbeauftragten und werden von ihm mit geschützt. Vielen Dank dafür.

Meine Damen und Herren, wie Ihnen sicherlich bekannt ist, nähert sich die Amtszeit des Hessischen Datenschutzbeauftragten ihrem Ende. Da Herr Professor Dr. von Zezschwitz für eine weitere Amtszeit nicht zur Verfügung steht, wird er heute zum letzten Mal die Leitung dieses Forums übernehmen, aber vielleicht im nächsten Jahr als Zuhörer teilnehmen. Das hoffen wir alle. An anderer Stelle werde ich ausführlich auf die zahlreichen Verdienste, die er sich in seiner Amtszeit als Datenschutzbeauftragter erworben hat, eingehen. Aber selbstverständlich will ich Ihnen, Herr Professor Dr. von Zezschwitz, bereits heute vor der Datenschutzgemeinde, die hier zusammengekommen ist, für die beständige Weiterentwicklung des Wiesbadener Forums Datenschutz und für Ihre Arbeit für den hessischen Datenschutz insgesamt herzlich danken. Hessen besitzt bezüglich des Datenschutzes in der inhaltlichen Arbeit, in der tagtäglichen Arbeit, aber auch wegen des Forums einen guten Ruf über die Landesgrenzen hinaus. Sie haben diese Entwicklung fortgesetzt. Dafür auch vor dieser Runde einen herzlichen Dank an Sie, Herr Professor von Zezschwitz.

Der Hessische Landtag wird in seiner nächsten Sitzung auf Vorschlag der Landesregierung einen neuen Datenschutzbeauftragten berufen. Sie wissen, dass die Landesregierung Herrn Professor Dr. Michael Ronellenfitsch vorgeschlagen hat. Sofern er gewählt wird, wird er beim nächsten Datenschutzforum anwesend sein.

Herzlich begrüßen möchte ich nun noch die Fachreferenten des heutigen Tages.

In einem ersten Durchgang heute Vormittag werden wir uns mit Fragen der Technik, Sicherheit und Anwendung der mobilen Kommunikation beschäftigen. Ich freue mich, dass Frau Professor Dr. Eckert von der Technischen Universität Darmstadt zu uns sprechen wird. Ebenfalls aus Darmstadt, von der ITC-Security T-Systems Nova GmbH, ist Herr Matthias Etrich zu uns gekommen, um uns Sicherheitslücken in drahtlosen Netzen zu demonstrieren. Herr Professor Dr. Rannenberg von der Universität Frankfurt wird die beiden Referate durch seinen Vortrag ergänzen und fortführen.

Am Nachmittag werden dann die datenschutzrechtlichen Fragestellungen der mobilen Kommunikation im Mittelpunkt stehen, wozu ich Herrn Dr. Joachim Rieß von der DaimlerChrysler AG und Herrn Dr. Ulrich Wuermeling von der Sozietät Latham & Watkins LLP begrüße.

Ich bin davon überzeugt, dass die Ausführungen unserer Referentin und Referenten die zahlreich anwesenden anerkannten Fachleute zu einer spannenden Diskussion animieren werden, und ich hoffe, dass Sie aus dem, was Sie am heutigen Tage hören, und aus hoffentlich spannenden Diskussionen weitere Erfahrungen und Wissen für die Zukunft mitnehmen werden.

Herzlich begrüßen möchte ich nun auch die Dienststellenleiterin, Frau Arlt, mit vielen Mitarbeiterinnen und Mitarbeitern des Datenschutzamtes. Ohne sie geht es nicht. Herr Professor von Zezschwitz, wir wären nichts ohne Mitarbeiter. Auch ihnen ein herzliches Willkommen.

An die Damen und Herren der Medien gerichtet, die ich an dieser Stelle ebenfalls herzlich begrüße, darf ich die Hoffnung äußern, dass es Ihnen in Ihren Redaktionen gelingt, dafür zu sorgen, dass Sie umfangreich von diesem Forum berichten können. Viel Glück dabei.

Gestatten Sie mir noch den Hinweis, dass der Verlauf der Veranstaltung wieder stenografisch festgehalten wird. Durch Ihre Teilnahme – das ist wichtig – stimmen Sie der Veröffentlichung dessen, was Sie hier äußern, in der bekannten Form zu.

Ich schließe nun, wünsche uns eine gute, interessante Veranstaltung und darf Herrn Professor von Zezschwitz bitten, zu uns zu sprechen. – Vielen Dank und einen guten Tag.

Prof. Dr. Friedrich von Zezschwitz, Hessischer Datenschutzbeauftragter:

Meine Damen und Herren, ich darf mich zunächst den Begrüßungsworten anschließen, die Ihnen Herr Präsident Kartmann entboten hat, und mich gleichzeitig für die freundlichen Worte, die er mir gewidmet hat, herzlich bedanken, um nun aber gleich zum eigentlichen Thema zu kommen.

Grund für die Wahl dieses eher technisch angelegten Themas war zum einen die zunehmende Verwendung von Handys, aber auch funkgebundener Netze anstelle der bisherigen drahtgebundenen Netze im gesamten IT-Bereich. Wir wissen alle, dass die Handys eine explosionsartige Entwicklung genommen haben, vom kiloschweren Gerät, das man im Aktenkoffer mit sich trug, zu Miniaturausgaben, die wir heute in die Rocktasche stecken können. Sie sind keineswegs nur Telefoniergeräte geblieben. Jeder Jugendliche benutzt das Handy wahrscheinlich viel mehr zum Versenden von SMS als für Telefonnachrichten klassischen Stils. Auch die Erwachsenen beginnen zunehmend, Handys für die mobile Kommunikation im weitesten Sinne über hoch raffinierte innovative Schnittstellen einzusetzen. Es ist schon das Beispiel genannt worden, dass Laptops über eine Schnittstelle via Handy mit Netzen kommunizieren können, mag es das Internet sein, mag es ein Hausnetz sein, mag es ein Behördennetz sein, das über zentrale Server über Funk organisiert ist.

Damit entstehen zwangsläufig völlig neue Gefahren. Während netzgebundene Systeme mit induktiven Schleifen und Ähnlichem abhörbar sind, können Funknetze beliebig abgegriffen werden. Mit anderen Worten: Das Eindringen in fremde Netze wird extrem erleichtert. Wenn Sie durch die Stadt gehen, können Sie heute praktisch permanent offene Netze von Ihren Detektoren angezeigt bekommen. Wir haben unlängst ein Probegerät bei uns installiert und haben sofort vier ungeschützte Netze entdeckt, die sich im Umfeld unserer Dienststelle befanden. Dies zeigt: Es ist eine eigenartige Nachlässigkeit vorhanden, zwar solche innovativen Techniken zu nutzen, andererseits aber die Sicherheitskriterien, die dafür erforderlich sind, außer Acht zu lassen.

Dieses Phänomen können wir heute flächendeckend feststellen. Die Umrüstung auf Funktastaturen ist üblich geworden und findet im privaten Bereich mit extremer Schnelligkeit statt. In jeder Werbebroschüre finden Sie sie für 30 € bis 100 €. Alle diese Funktastaturen sind ungeschützt. Das heißt: Ein Eindringling kann ohne Betreten des Hauses bis zum Passwort und bis zum speziellen Bankpasswort und der TAN alles abgreifen, was der Inhaber einer solchen Funktastatur in seinen privaten PC eingibt.

Infolge der technischen Entwicklungen haben wir es mit exponentiellen Steigerungen der Gefahr zu tun. Dennoch sind weder ausreichende Bewusstseinsformen der Nutzer vorhanden noch gibt es Warnhinweise der Hersteller, die deutlich machen, dass funkgebundene Systeme, wo immer sie auftreten, ohne Sicherheitsvorkehrungen letztlich in einer Weise angreifbar sind, die unter IT-Sicherheits- und Datenschutzgesichtspunkten völlig inakzeptabel sind.

Damit ist das Phänomen beschrieben, das wir gegenwärtig vorfinden, und zwar – ich wiederhole – auf zwei Ebenen; einmal bei der über Handys vermittelten IT-

Kommunikation im weitesten Sinne und zum anderen bei den nicht netzgebundenen, sondern über Funk organisierten Wireless LAN. Im Ergebnis ist deren Ausbreitung wahrscheinlich mit gleicher Rasanz zu erwarten, wie wir sie bei den Handys und bei der Verbreitung von Computern in der Vergangenheit verzeichnet haben. Die Gefahren, die hier auftreten, sind kurz beschreibbar: einmal durch das erleichterte Eindringen und zum anderen auch durch die Manipulationsmöglichkeiten, die der Externe durch seinen Zugang zum Netz gewinnt. Es sind typische funkspezifische Gefahren, mit denen wir uns auseinandersetzen müssen.

Hinzu kommt, dass wir beim Einsatz mobiler Geräte immer die Möglichkeit haben, Nutzer- und Bewegungsprofile zu erstellen. Jedes Handy eignet sich potenziell dazu, seinen Inhaber permanent in seinem Lauf durch die Stadt, in seinem Lauf durch die Republik zu verfolgen. Dies geschieht normalerweise nur durch Staatsanwaltschaften, die wegen Straftaten ermitteln. Die Techniken, die dafür bereitgestellt werden, sind indessen auch kommerziell abgreifbar. Es gibt den so genannten IMSI-Catcher, der etwa 1500 € kostet, den jeder beschaffen kann. Es gibt keine Sperre, dass dieses Gerät etwa nur für staatliche Ermittlungsorgane verfügbar gemacht wird. Wer als Teil einer OK-Gruppe ein solches Gerät besitzt, kann den Inhaber eines aktiv geschalteten Handys durch die Republik verfolgen.

Bisher sind diese Catcher nicht so ausgelegt, dass man damit Gespräche abhören kann. Es wäre jedoch technisch ein Leichtes, eine Abhörfunktion aufzuschalten. Sie wissen es wahrscheinlich: Der so genannte GSM-Standard, mit dem wir heute telefonieren, ist so wenig verschlüsselt, dass er in Sekundenbruchteilen entschlüsselt werden kann. Das kann unter UMTS besser werden. Gegenwärtig ist die Mobilkommunikation über das Handy, mag sie nun über Schnittstellen digital eingespeichert werden oder mag sie als klassische Telefonnutzung auftreten, ganz leicht abhörbar, und dies eben nicht nur für staatliche Ermittlungsorgane, sondern insbesondere auch für Gruppen, die der organisierten Kriminalität zuzurechnen sind.

Dies ist das Gefahrenspektrum. Nun zu den Vorteilen. Es ist sicherlich nicht zu verkennen, dass etwa in älteren Gebäuden, in denen Verdrahtungen einen erheblichen baulichen Aufwand erfordern würden, drahtlose Techniken ein höchst probates Mittel darstellen, die Schwächen, die sich aus den technischen und baulichen Einengungen ergeben, mit geringem finanziellen Aufwand zu überbrücken.

Bei wechselnden Standorten ist drahtlose Technik hervorragend geeignet, denn sie garantiert unabhängig vom Aufenthaltsort Erreichbarkeit. Ein Abgeordneter etwa, der hier im Gebäude verschiedene Aufgaben an unterschiedlichen Standorten wahrzunehmen hat, kann über Funk an den zentralen Server angeschlossen werden. Dann kann er sich von jedem beliebigen Standort mit seinem Gerät in das System einloggen. Das ist einer der Vorzüge, die dafür bestimmt sind, überhaupt funkgestützte Systeme aufzubauen.

Schließlich ist noch ein Beispiel aus dem klinischen Bereich zu nennen. Ein Intensivpatient, der von der Intensivstation zu einer Untersuchung gebracht werden muss, muss heute von den Kontrollgeräten abgehängt werden, weil es drahtgebundene Netze sind. Zukünftig wird er einen mobilen Elektrodetektor haben, der mit einem Handy oder einem anderen Funkgerät verbunden, unmittelbar an die Person oder das Bett angeschlossen ist. Damit können die Sicherheitsanforderungen, die bei solchen Intensivpatienten erforderlich sind, zu jeder Zeit und ohne jedwede Unterbrechung erfüllt werden.

Dieses Beispiel zeigt die eminenten Vorteile solcher Techniken. Ein weiteres sei erwähnt: Vor einem Monat sind wir mit einer neuen Entwicklung im Bereich der Altenbetreuung konfrontiert worden. Man beabsichtigt, um alte Menschen in ihrer Wohnung belassen zu können, diese mit Herzinfarkt-Detektoren oder ähnlichen automatischen Anzeigegeräten zu versehen. Damit kann unmittelbar über Handy an zentrale Überwachungsstationen übermittelt werden, inwieweit ein verschlechterter Gesundheitszustand aufgetreten ist. So kann unverzüglich veranlasst werden, dass Notdienste in Erscheinung treten, sobald irgendeine Abweichung von der Norm von den Systemen gemeldet wird.

Zusammenfassend lässt sich sagen: Es gibt eine Vielzahl sehr vernünftiger und sehr progressiver Anwendungen, die sicherlich in Kürze eingesetzt werden. Die Sorge, die wir datenschutzrechtlich haben, besteht darin, dass Persönlichkeitsschutz möglicherweise in die zweite Linie der Entwicklungen gesetzt wird und nicht in die erste. Das zu verhindern, ist ein Bemühen, das alle Architekten funkgestützter Systeme erfüllen, das aber wir als Datenschützer in ganz besonderer Weise auf unsere Fahnen schreiben müssen. Wir müssen ständig das Bewusstsein dafür schaffen, welche neuen Lücken entstanden und wie die daraus erwachsenden Gefahren einzugrenzen sind.

Zu den Vorträgen selbst will ich im Einzelnen nichts sagen. Sie werden eine Vielzahl weiterer Beispiele genannt bekommen, die ich auch aus Zeitgründen nicht anführen will. Sie werden auch vorgestellt bekommen, welche IT-Sicherheit sich schon unmittelbar im System befindet, aber auch Vorschläge für zusätzliche Sicherheit – etwa durch Verschlüsselungssoftware – hören, also für Sorgfaltsmaßnahmen, die jeder Einzelne ergreifen kann. Frau Eckert wird zunächst die technischen Möglichkeiten und die technischen Gefahren und alles, was damit zusammenhängt, aufzeigen. Herr Etrich wird die Vortragsreihe mit einer praktischen Präsentation weiterführen. Er wird zeigen, wie ein Angreifer sich unzulässig einloggen und im System manipulativ entfalten kann und wie dem zu begegnen ist. Herr Rannenberg wird insbesondere die praktischen Anwendungsbereiche im Bereich des E-Commerce vorstellen. Er wird sich allerdings, nicht auf den E-Commerce beschränken, sondern alle Anwendungsfelder präsentieren, die sich durch mobile Techniken erschließen lassen. – Das ist das Programm für den Vormittag. Am Nachmittag sind schwerpunktmäßig die Datenschützer an der Reihe. Herr Rieß und Herr Rechtsanwalt Wuermeling werden uns freundlicherweise zur Verfügung stehen, um weitere Anwendungsfelder aufzuzeigen und unter datenschutzrechtlichen Aspekten zu erörtern. Die wachsenden technischen Möglichkeiten etwa bei der Verkehrssteuerung und -überwachung bergen spezifische Gefahren, die schon auf der technischen Ebene abgefangen werden müssen.

Die Vorträge des Vormittags werden ohne Pause stattfinden, weil wir sonst in zeitliche Schwierigkeiten kommen würden. Nach den drei Vorträgen des Vormittags ist eine Diskussion von rund einer Stunde geplant, die Sie als Disputanten in die Erörterungen mit einbezieht, durch Fragen an die Referenten, aber natürlich auch durch Statements, die möglicherweise Gegenpositionen zu den Referenten formulieren.

Ich danke für Ihre Aufmerksamkeit und wünsche uns allen eine weiterhin gute Veranstaltung, vor allem neue datenschutzrechtliche Erkenntnisse über Sicherheitstechniken und -vorkehrungen, die Sie dann in Ihren persönlichen Bereichen entfalten können.

Frau Prof. Dr. Claudia Eckert,
TU Darmstadt:

Mobile Kommunikation: Technik und Sicherheitsprobleme

Meine Damen und Herren, ich freue mich, einen Vortrag zu dieser Thematik halten zu dürfen, obwohl nach der Vorrede des Datenschutzbeauftragten eigentlich gar nichts mehr zu sagen ist. Alle Probleme sind erwähnt, die Anwendungen sind skizziert.

Aber so einfach machen wir es Ihnen selbstverständlich nicht. Als Einführung in meinen Vortrag möchte ich die Frage stellen, wie die Welt von heute, was die mobilen drahtlosen Kommunikationsmöglichkeiten angeht, bestellt ist. Der Vollständigkeit halber werde ich auch die Sicherheitsbedürfnisse noch einmal benennen und erklären, worum es im Prinzip eigentlich geht. Sodann möchte ich auf einige Technologien etwas genauer eingehen, mit denen wir heute schon fast tagtäglich umgehen. Auch die Technik selber möchte ich anreißen, damit Sie ein Gefühl dafür bekommen, wie sie vom Prinzip her funktioniert, um daraus ablesen zu können, worin eigentlich die Sicherheitsprobleme bestehen, die ich danach teilweise ansprechen werde.

Diese Technologien gehören zum Mobilkommunikationsbereich, mit dem die Handykommunikation abgedeckt wird. Damit ist konzeptuell aber auch der drahtlose Bereich des Wireless LAN angesprochen, und hierbei mehr die theoretischen Aspekte. Wie das praktisch aussieht, wird uns der folgende Vortrag zeigen.

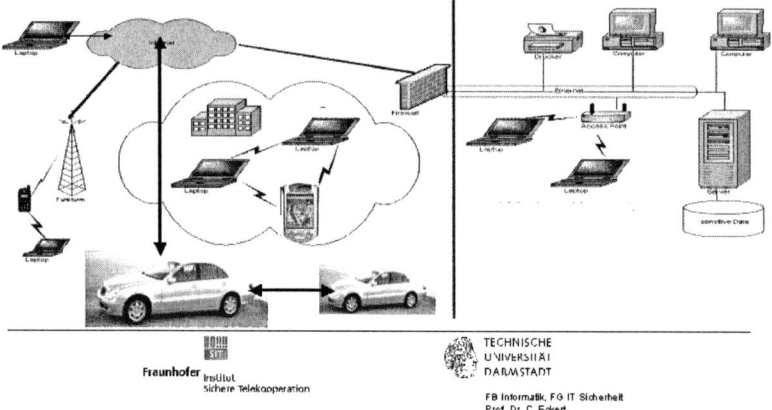

Heutzutage ist es keine Seltenheit, dass man einen Laptop mit sich herumträgt, natürlich ein Handy und dann noch einen kleinen Organizer mit allen möglichen Funktionalitäten. Dies gehört schon fast zum Standardrepertoire eines mobilen Managers. Eine Infrastruktur, wie ich sie auf meiner Folie beispielhaft zusammengestellt habe, ist in heutigen Systemen also quasi schon Standard. Es gibt eine Art Unternehmensnetz, in irgendwelchen Gebäuden abgeschirmt, dazwischen die offenen Netze wie das Internet. Dort klinken wir uns ein, vielleicht zu Hause oder von unterwegs. Dafür haben wir Verbindungs- und Anknüpfungspunkte. In den Gebäuden bestehen drahtlose Anbindungen, sodass man in diesen Gebäuden umherwandern, sich irgendwo hinsetzen und dann Daten übertragen bzw. auf die verschiedenen Server und PC im Unternehmen zugreifen kann. Dies ist z. B. eine Einsatzmöglichkeit der Wireless-LAN-Netze. Oder Sie sind zu Hause, haben einen Telearbeitsplatz, sitzen gemütlich im Garten oder – wie ich – auf dem Balkon, haben auch zu Hause ein drahtloses Netz, ein Wireless-LAN-Netz, aufgebaut, kommunizieren von dort aus, greifen auf Ihre Daten zu, rufen Ihre E-Mails ab. Auch das ist bereits Standard.

Wenn wir unterwegs sind, haben wir „Freizeiten" in den Hotels, auf Flugplätzen, in Bahnhöfen. Auch dort nutzen wir Hotspot-Zugänge, irgendwelche Möglichkeiten Daten auszutauschen, und zwar entweder, indem wir über diese Zugänge ins Internet gehen oder aber indem wir mit Partnern direkt von Gerät zu Gerät eine Kommunikation aufbauen, in Meetings und Konferenzen Präsentationen und Dokumente direkt von Gerät zu Gerät austauschen. All das ist heutzutage gang und gäbe. Oder wir nutzen auch über weite Entfernungen hinweg Mobiltelefone, um mit den Standardtechniken, die wir dort einsetzen, Daten auszutauschen.

In diesem Zusammenhang möchte ich noch etwas ansprechen, was noch ein wenig Zukunftsmusik ist. Ich arbeite mit Forschungslabors der Automobilbranche zusammen. Dort wird daran gearbeitet, dass man künftig auch in das Fahrzeug hinein Zugriff hat, um Daten in die Software der Fahrzeuge einzuspielen, um beispielsweise per Fernwartung zu schauen, ob etwas defekt ist und ob es gleich repariert werden kann. Derzeit wird auch daran geforscht, dass sich Autos künftig untereinander Informationen zuspielen können, beispielsweise: Vorsicht! 500 m voraus ist Glatteis auf der Straße; fahr langsamer. Solche Techniken werden derzeit entwickelt. Insofern muss man sich mit all diesen Dingen und mit den daraus resultierenden Sicherheitsfragen auseinander setzen.

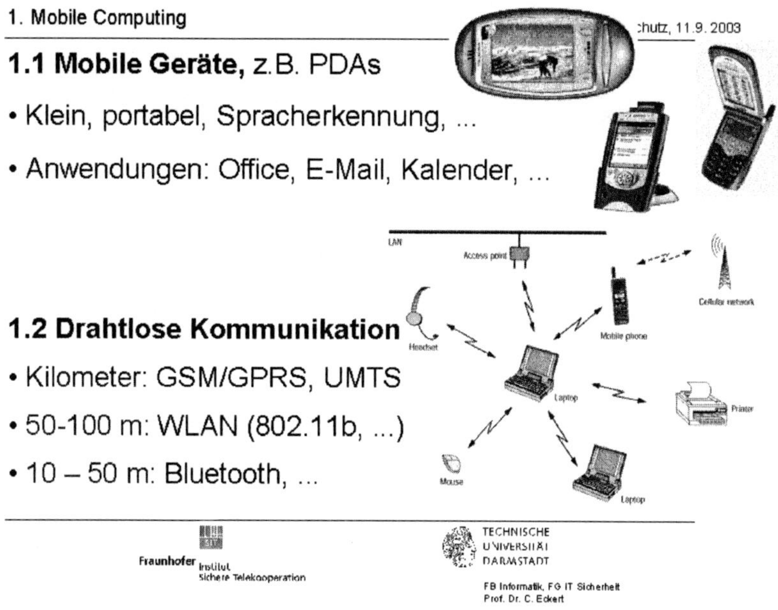

1. Mobile Computing

1.1 Mobile Geräte, z.B. PDAs

- Klein, portabel, Spracherkennung, ...
- Anwendungen: Office, E-Mail, Kalender, ...

1.2 Drahtlose Kommunikation

- Kilometer: GSM/GPRS, UMTS
- 50-100 m: WLAN (802.11b, ...)
- 10 – 50 m: Bluetooth, ...

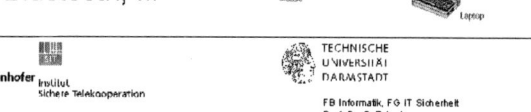

Im Spiel sind unter anderem mobile Geräte, die natürlich klein und portabel sind – das macht sie ja so attraktiv –, aber auch eine ganze Menge können. Man kann sie nicht nur als Terminplaner verwenden, sondern damit auch E-Mails bearbeiten. Sie haben sehr viel Funktionalität, was sie interessant, aber vielleicht auch wieder angreifbar macht.

Wir haben soeben die verschiedenen Möglichkeiten der drahtlosen Kommunikation gesehen, auf die ich nur kurz eingehen möchte. Wir werden ja noch einen Vortrag dazu hören. Dabei geht es um die Frage: Was kann man bei einem Zusammenwirken all dieser Technologien mit ihnen machen?

1.3 Mobile Anwendungen

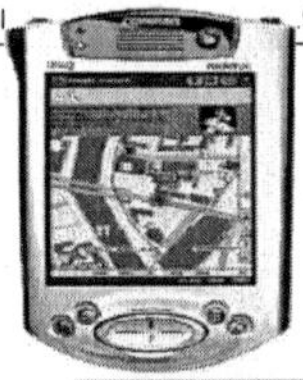

- Mobiles Infotainement: z.B. Informationen (News, Sport), Navigation
- Mobile Geschäftsprozesse: z.B. m-Procurement (Ordern, Kaufen, Bezahlen), . 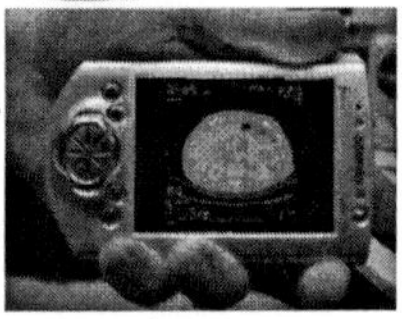
- Mobile Gesundheitsversorgung: z.B. Überwachung von Vitalfunktionen, ...
- Mobile eingebettete Systeme: Entfernte Wartung, Downloads (Updates)

➡ Viele neue Anwendungsfelder, sicher?!

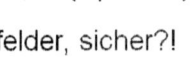

Für das Infotainment ist so etwas gut geeignet. Man kann sich, wo immer man ist, mit Location Based Services Informationen direkt auf die mobilen Gerätschaften holen. Man kann, wo immer man ist, Einkäufe abwickeln. Dies ist das M-Commerce-Szenario. Ein ganz wichtiger Einsatzbereich ist auch das Gesundheitswesen. Patienten können dadurch mobil gemacht werden, dass es uns z. B. möglich ist, ihre Vitalfunktionen von der Ferne aus zu beobachten. Auch alle früher sehr abgeschlossenen Systeme wie Autos, Flugzeuge oder Industrie-Roboteranlagen werden jetzt offen, hängen am Internet, und es kann auf sie natürlich von der Ferne zugegriffen werden.

Durch diese Techniken eröffnen sich ganz neue Möglichkeiten des Arbeitens, aber zu fragen ist natürlich: Wie sicher sind diese Systeme? Welche Sicherheitsbedürfnisse bestehen heute eigentlich? Die gängigen kennen Sie alle. Ich will sie noch einmal benennen, damit wir sie alle vor Augen haben:

2. Allgemeine Sicherheitsbedürfnisse

- Authentizität: Glaubwürdigkeit eines Benutzers/Programms
- Vertraulichkeit: nur autorisierte Informationsgewinnung
- Integrität: keine unautorisierte Datenmanipulation
- Verfügbarkeit: keine Verhinderung berechtigter Zugriffe
- Verbindlichkeit: kein Abstreiten
- Privatheit: keine unautorisierte Profilbildung

"On the Internet, nobody knows you're a dog."

Fraunhofer Institut
Sichere Telekooperation

TECHNISCHE UNIVERSITÄT DARMSTADT
FB Informatik, FG IT Sicherheit
Prof. Dr. C. Eckert

Wir wollen, wenn wir Daten austauschen, immer wissen, mit wem wir es zu tun haben. Die Authentizität der Kommunikationspartner ist wichtig. Wir müssen das prüfen können. Natürlich soll die Information nur in die Hände derjenigen gelangen, die autorisiert sind, sie zu sehen. Insofern sind die Vertraulichkeitsanforderungen angesprochen. Auch geht es um die Integrität: Ich möchte nicht, dass meine Daten, meine Informationen, unautorisiert verändert, manipuliert werden. Natürlich möchte ich Dinge auch nutzen können, wenn ich das Recht dazu habe, sie zu nutzen. Insofern möchte ich, dass eine gewisse Verfügbarkeit von Dienstleistungen gewährleistet ist. Wenn es in Richtung Verträge und in Richtung Abwicklung geht, soll Verbindlichkeit gewährleistet sein, sodass nicht im Nachhinein abgestritten werden kann, dass gewisse Aktionen durchgeführt worden sind. Zu nennen ist natürlich auch der Wunsch der Wahrung der Privatsphäre. Das bedeutet, dass Dritte nicht unautorisiert Zugriffsprofile, Aufenthaltsprofile oder Bewegungsprofile erstellen können. – Dies sind die generellen Bedürfnisse, die man diesen neuen Techniken gegenüber hat, einmal mehr, einmal weniger.

Zu fragen ist des Weiteren: Wie sieht es mit diesen Sicherheitsbedürfnissen in unserer neuen Welt der mobilen, drahtlosen Kommunikation aus?

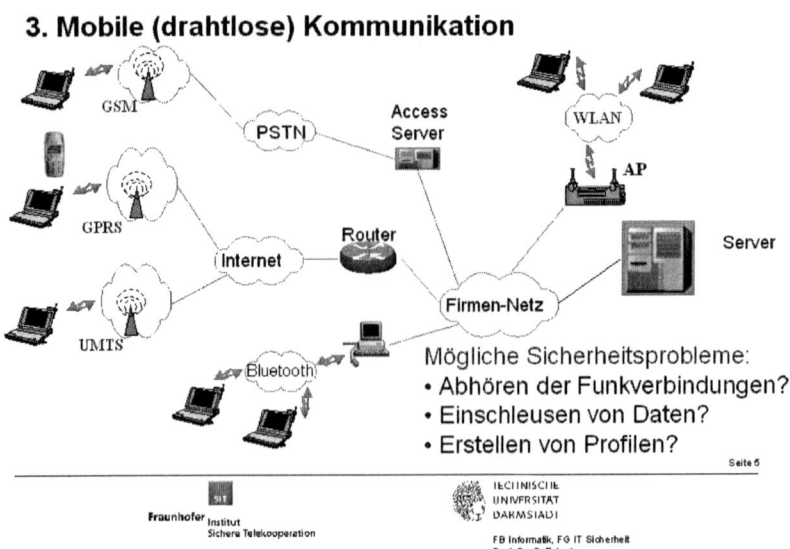

Ich möchte in meinem Einstiegsvortrag auf die in meinen Folien rot unterlegten Techniken eingehen. Dabei geht es zum einen um die mobile Kommunikation und zum anderen um die drahtlose Funkkommunikation. Dabei möchte ich die möglichen Sicherheitsprobleme beleuchten, die nahe liegender Weise vielleicht vorhanden sind, und fragen: Sind sie wirklich vorhanden, oder haben die Technologien auch schon Antworten auf diese Probleme, sodass wir uns beruhigt zurücklehnen können?

Wir wissen alle: Die Informationen gehen über die Luftschnittstelle. Die Luft ist sozusagen ein Rundfunkmedium. Ist das Abhören wirklich einfach, oder gibt es Maßnahmen dagegen? Kann ich also etwas verändern? Ist erkennbar, wenn etwas verändert wurde, sodass dies gar kein Problem ist? Können tatsächlich Profile erstellt werden, oder kann ich mich selbst so verschleiern, dass das gar nicht möglich ist?

Beginnen wir mit dem Einstieg in die Technologien. Diesen Technologien widme ich mich, wie gesagt nur sehr oberflächlich. Ich will keine Vorlesung halten. Schauen wir uns zunächst das ganz normale GSM-System an, das wir fast alle tagtäglich mit unseren Handys nutzen.

3.1 GSM-System (Global System for Mobile Communication)
- Mobilfunknetz: Pan-Europäischer Standard
  zellular strukturiertes Netz,
- Zelle als kleinste geographische Einheiten zur Kommunikation zwischen mobilen Geräten

BTS Base Transceiver Station:
Schnittstelle zum mobilen Gerät
BSC Base Station Controller,
verwaltet mehrere BTS

automatisches Handover

Von der Technologie her ist es ein zellenbasiertes Kommunikationsmedium. Flächendeckend stehen Funkmasten, die eine gewisse Zelle mit ihren Signalen abdecken. Wir bewegen uns in eine solche Zelle hinein und können dann eine Verbindung mit dem Funkmasten aufbauen. Wenn wir herumwandern, greift das so genannte Hand-over zwischen den verschiedenen Zellen. Das bekommen wir gar nicht unbedingt mit, wenn wir beispielsweise im Auto sitzen. Das geschieht alles wie durch „Geisterhand", damit die Verbindung nicht abbricht.

Wenn Sie sich nun mit Ihrem Handy einbuchen wollen, geben Sie zunächst Ihre PIN ein. Ihr Handy sucht dann den Funkmasten mit der stärksten Signalstärke und versucht, sich dort anzumelden. Das ist der Weg, den man als Luftschnittstelle bezeichnet.

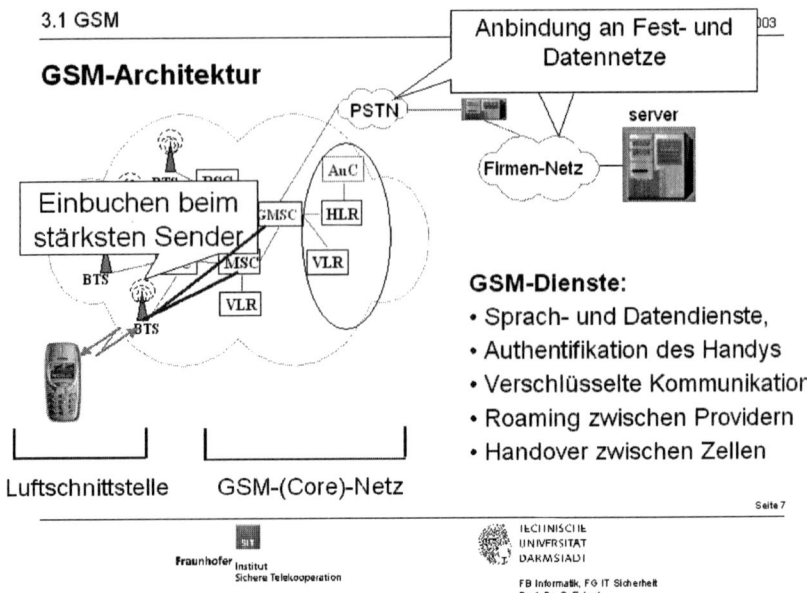

Die Daten werden drahtlos übertragen. Jetzt muss festgestellt werden, wer sich in das Netz einbuchen möchte und ob derjenige überhaupt berechtigt ist, dieses Netz zu nutzen. Auch für Dienste, die eventuell in Anspruch genommen werden sollen, werden Informationen über berechtigte Benutzer benötigt. Diese Informationen haben Ihre Netzprovider in Datenbanken abgelegt.

3.1 GSM

GSM-Architektur

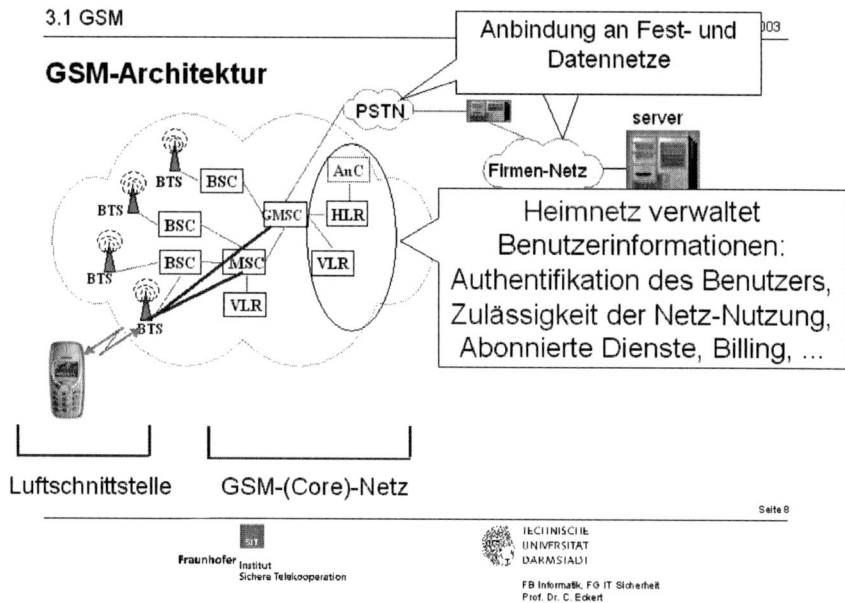

Luftschnittstelle   GSM-(Core)-Netz

Sie werden, wenn man sich eingebucht hat, abgefragt. Der Handybenutzer muss jetzt nachweisen, dass er berechtigt ist. Es wird geprüft, ob er angemeldet ist und diese Dinge nutzen darf. Insoweit werden dann natürlich auch Abrechnungsdaten angelegt.

Analoges geschieht auch, wenn Sie sich gar nicht in Ihrem Heimatnetz befinden, sondern unterwegs sind und sich in ein Fremdnetz einbuchen.

3.1 GSM

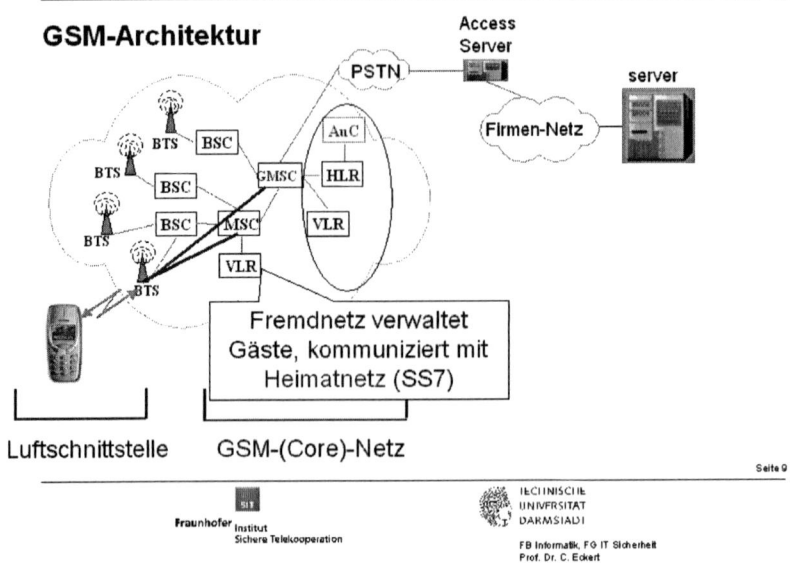

Der Fremdnetz-Provider verfügt nicht über Ihre detaillierten Daten, aber er weiß, an wen er sich zu wenden hat, um die Information zu erhalten, nämlich an Ihr Heimatnetz, das dann signalisiert: Ja, der Benutzer, ist registriert und darf Zugang haben. Das bedeutet, es findet eine Kommunikation zwischen dem Fremdnetz und Ihrem Heimatnetz statt, es werden Daten ausgetauscht, und es wird festgestellt, ob die Kommunikation stattfinden kann. Wenn dies alles geschehen ist und Sie sind als authentischer Benutzer akzeptiert, dann können Sie Ihre Verbindung über das Festnetz aufbauen und sich vielleicht auch in Firmennetze einwählen.

Die klassischen Dinge, die GSM zur Verfügung stellt, sind die einfache Sprach- und Datenkommunikation mit einer relativ geringen Bandbreite von 9,6 KB; aber das reicht schon für vieles. Wenn man sich einbucht, wird geprüft, ob es sich um das richtige Handy handelt, es findet also eine Authentifikation statt. Eine Verschlüsselung wird ebenso angeboten wie auch ein Weiterleiten, wenn man sich zwischen verschiedenen Zellen bewegt.

Schauen wir uns einmal an, was an Sicherheitsdiensten tatsächlich angeboten wird und wie weit diese Sicherheitsdienste tragen.

3.1 GSM

Sicherheitsdienste unter GSM

SIM-basierte Authentifikation des Teilnehmers
- Teilnehmeridentifikation über eindeutige Kennung IMSI
- Permanenter Schlüssel Ki auf der SIM-Karte u. bei Provider

Vertraulichkeit auf der Luftschnittstelle (radio link)
- A5/1, A5/2, und A5/0 (keine Verschlüsselung) ermöglicht auch Sprachkommunikation mit Export-beschränkten Ländern
- mit Ki generierte Schlüssel Kc für vertrauliche Kommunikation von SIM-Karte und Provider generiert, von BSC benötigt

Anonymität:
Vergabe von temporären Identitäten TMSI

Die Basis dafür ist bei GSM und mit Sicherheit später auch bei GPRS und UMTS eine kleine Chipkarte, die Sie sicherlich alle schon einmal in Händen hatten. Diese so genannte SIM-Karte wird in das Handy eingesetzt. Hierauf sind vertrauliche, sensitive Informationen abgelegt, natürlich in der Hoffnung, dass man an diese Daten nicht ohne weiteres herankommt. Jedes Handy und im Endeffekt jeder Teilnehmer wird durch eine so genannte IMSI eindeutig identifiziert. Über diese eindeutige Kennung kann man Rückschlüsse darauf ziehen, wer sich dahinter verbirgt. Auf dieser kleinen Smartcard gibt es einen permanenten Schlüssel, den Identitätsschlüssel des Teilnehmers, den ich einmal Ki nenne. Dieser ist für weitere Aktivitäten wichtig und wird benötigt, wenn sich das Handy dem Netz gegenüber authentifizieren muss, und dieser Schlüssel wird auch benötigt, wenn wir vertraulich kommunizieren wollen. Er ist nämlich die Basis, um daraus Kommunikationsschlüssel abzuleiten. Wer also im Besitz dieses Schlüssels Ki auf der SIM-Karte ist, hat im Prinzip die gesamte Kommunikation, die mit diesem Handy abgewickelt wird, in der Hand, weil alles auf der Kenntnis dieses Schlüssels basiert. Angriffe auf diesen Schlüssel treffen sozusagen ins Herz.

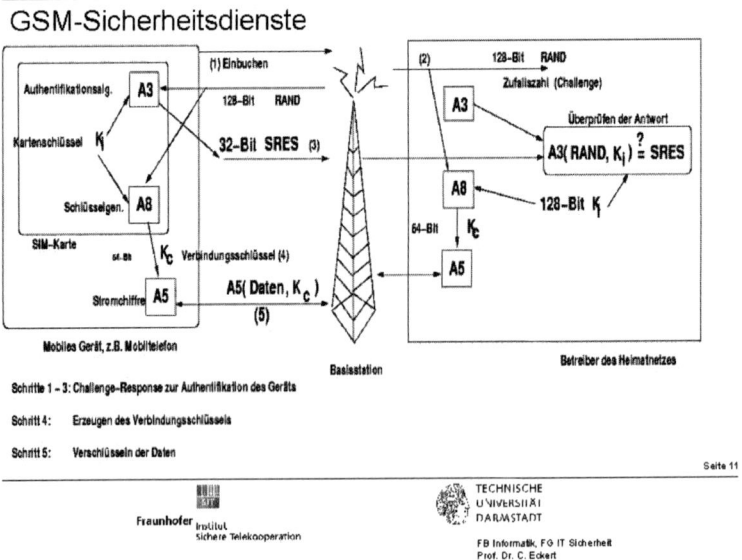

Wie ich vorhin schon sagte, bietet GSM Vertraulichkeit an. Diese bezieht sich allerdings alleine auf das kurze Stück der so genannten Luftschnittstelle. Die drahtlose Verbindung, die aufgebaut wird, wenn sich ein Handy mit einer Funkstation in Verbindung setzt, wird also verschlüsselt. Dann aber werden die Daten sofort entschlüsselt und im Klartext weitergereicht. Wohin, ob ins Festnetz oder in andere Netze, ist alles offen. Die Verfahren, die hierzu verwendet werden, sind unterschiedlicher Art und auch nicht besonders stark. Für einen Verbindungsaufbau, für eine Kommunikation, für eine Sprachverbindung – so die Theorie – wird immer ein eigener Kommunikationsschlüssel verwendet. Die Praxis sieht anders aus. Dazu komme ich gleich noch. Dieser gemeinsame Schlüssel, mit dem man sich verständigen kann, wird auch in Ihrem Handy separat generiert, und der Provider, bei dem Sie angemeldet werden, generiert diesen Schlüssel ebenfalls und stellt diese Information dort zur Verfügung, wo sie benötigt wird, nämlich bei den Funkstationen.

Auch für die Gewährleistung der Privatsphäre ist eigentlich im GSM-Standard etwas vorgesehen. Dabei geht man davon aus, dass es nicht sinnvoll ist, die eindeutige Identität, also die IMSI, „in die Welt hinauszuposaunen", und vergibt temporäre Identitäten, die eben nicht mehr direkt auf einen Benutzer rückführbar sind. Man versucht also, nach der erstmaligen Anmeldung im GSM-Netz nur noch als Pseudonym aufzutreten. Dahinter steht der Wunsch der Verschleierung.

Dies klingt zunächst einmal vernünftig. Hier wird authentifiziert, hier wird Vertraulichkeit gewährleistet, und es werden gewisse Dinge für die Anonymität gemacht.

Die Frage lautet: Wie gut ist das? Das Ganze ist mit sehr vielen Designproblemen behaftet

3.1 GSM
Forum Datenschutz, 11.9.2003

GSM-Sicherheitsprobleme: u.a.
- Nur Handy authentifiziert sich: u.a.
  IMSI-Catcher: Angreifer maskiert sich als Funkstation
  - zwingt Handy IMSI anstelle der TMSI zu übertragen
  - Handy liefert dem Catcher regelmäßig aktuelle Aufenthaltsdaten, Erstellung von Bewegungsprofilen!
- Maskierte BTS: gibt vor, keine Verschlüsselung zu können: Handy setzt A5/0 ein, also unverschlüsselte Übertragung
- Mai 2002: IBM: Seitenkanal-Angriffe auf SIM-Karten:
  - Messen u.a. der elektromagnetischen Abstrahlung
  - 128 Bit Schlüssel Ki in Minutenschnelle zu knacken
  - Angreifer benötigt SIM-Karte nur für wenige Minuten

So geschieht die Authentifikation nur einseitig. Das heißt: Wenn Sie sich in ein Netz einbuchen, muss Ihr Handy zu erkennen geben, welches Handy es ist. Das Netz muss Ihnen allerdings gar nichts sagen. Das bedeutet: Ihr Handy antwortet auf alle Signale, die besagen: Ich bin eine Basisstation. Genau dies ist der Ansatzpunkt für die vorhin bereits erwähnten IMSI-Catcher, die solche Signale ausstrahlen, sich als Funkstation maskieren und versuchen, das Handy dazu zu bringen, seine Identität preiszugeben oder auch andere Dinge zu machen. Dass das Handy allen antwortet, die Fragen an es stellen, ohne zu verlangen, dass sich diese zu erkennen geben, ist ein fundamentaler Designfehler. Damit ist es natürlich möglich nachzuvollziehen, wo sich der Einzelne augenblicklich aufhält bzw. wohin er sich bewegt hat.

Man kann dieses Designproblem auch noch weiter ausnutzen. Es gibt verschiedene Verfahren, um die Vertraulichkeit zu gewährleisten. Eines davon ist ein besonderes Verfahren, das nämlich keine Verschlüsselung anbietet. Es nennt sich zwar Krypto-Verfahren, ist aber eigentlich keine Verschlüsselung. Es ist nur in die Spezifikation aufgenommen worden, damit man auch dort telefonieren kann, wo es ganz spezifische Rahmenbedingungen für den Einsatz von Krypto gibt. Hierüber wurde lange diskutiert. Damit man insoweit politisch nicht am Rande steht, hat man gesagt: Wir wollen auch das haben. Das kann man natürlich für Angriffe ausnutzen, indem dem Handy vorgespiegelt wird: Ich bin eine solche Region, eine solche Basisstation, die keine starke Kryptografie verwenden kann. Dann wird automatisch der Null-Algorithmus verwendet, und alle Daten werden sowieso unverschlüsselt über dieses Rundfunkmedium übertragen.

Kommen wir zu weiteren Angriffsmöglichkeiten. Ich hatte vorhin bereits gesagt: Wesentlich sind die Daten auf der Smartcard im Handy. Darin ist der zentrale Schlüssel enthalten. Wer diesen Schlüssel geknackt hat, hat sämtliche Verbindungen, die – auch in der Zukunft – über dieses Handy abgewickelt werden, in der Hand. Mittlerweile sind ganz neue Angriffstechniken bekannt geworden. Diese nennen sich Seitenkanalangriffe. Es gibt sie schon länger für Smartcards ganz generell. Für diese SIM-Karten wurden sie besonders untersucht. Damit ist man in der Lage, unter bestimmten Rahmenbedingungen die Schlüssel innerhalb von Minuten zu knacken. Auch davor gab es schon Angriffe. Aber dazu musste man stundenlang im Besitz eines fremden Handys oder einer SIM-Karte sein. Dass das nunmehr in Minutenschnelle möglich ist, hat durchaus großes Aufsehen erregt.

Kommen wir noch einmal zu der Frage, was klar sein muss, wenn man daran denkt, mit diesen Hilfsmitteln sensitive Daten auszutauschen.

3.1 GSM   Forum Datenschutz, 11.9.2003

Weitere Sicherheitsprobleme:
- Verschlüsselung nur auf Luftschnittstelle, danach Klartext
- 64-Bit Schlüssel Kc, heute nicht mehr ausreichend und
    - Provider legt fest, wann neuer Kc generiert wird
    - Üblich: Kc wird über mehrere Tage hinweg beibehalten
- keine Maßnahmen für Datenintegrität: Modifikationen möglich
- keine Maßnahmen für Verbindlichkeit: Abstreiten möglich
- SMS: vollständig Klartext (Homebanking?!)
- Kommunikation zw. Providern: Schlüssel Kc über unverschlüsselte Richtfunkstrecken oder Internet

Fazit: GSM-basierte Zugriffe auf E-Mails etc.:
    Geringer Sicherheit, zusätzliche Maßnahmen notwendig

Fraunhofer Institut
Sichere Telekooperation

TECHNISCHE UNIVERSITÄT DARMSTADT
FB Informatik, FG IT Sicherheit
Prof. Dr. C. Eckert

Eine Verschlüsselung ist vorhanden, wie schwach sie auch sein mag, allerdings nur auf der kurzen Strecke der Luftschnittstelle. Dahinter wird alles im Klartext versendet. Pro Sprachverbindung wird ein eigener Schlüssel verwendet. Dieser ist aber recht kurz und für den heutigen Technologiestand nicht mehr geeignet. Hinzu kommt, dass in der Praxis mitnichten immer wieder ein neuer Schlüssel verwendet wird. Häufig werden die Schlüssel tagelang nicht gewechselt. Wer also einmal einen Schlüssel geknackt hat, kann auch nachfolgende Gespräche einfachst aufzeichnen und analysieren. In diese Sicherheitsdienste wird nichts integriert, das dem Empfänger sicherstellt, dass die Sprachdaten oder sonstige Daten nicht verändert werden. Es gibt keinerlei Checksum-, Visum- oder Hash-Verfahren, sodass Manipulationen möglich sind. Auch enthalten die Standards keinerlei Technologien, mit denen Verbindlichkeit gewährleistet werden kann. Darauf darf man also nicht vertrauen.

Vielleicht noch eine Anmerkung. Die Killerapplikation ist heutzutage die SMS. Man macht damit viel mehr, als nur zu schreiben: Schatzi, ich komme gleich an. Vielleicht macht man damit auch Homebanking, sicherheitssensitive Anwendungen, verschickt kleine Nachrichten. Dazu muss man wissen: SMS werden noch nicht einmal auf der Luftschnittstelle verschlüsselt. Sie gehen vom Standard her einen ganz anderen Weg. Sie waren eigentlich gar nicht vorgesehen und sind nur ein Nebenprodukt.

Abschließend ist zu fragen: Wie stellt sich eigentlich die Interaktion zwischen den verschiedenen Netzprovidern dar? Ich habe es vorhin schon gesagt: Wenn man sich bei einem Fremdnetz anmeldet, dann muss dieses Netz Informationen bekommen. Es muss dann auch in der Lage sein, die Daten, die bis zu ihm kommen, zu entschlüsseln, um sie weiterzureichen. Das bedeutet: Das Fremdnetz muss den Schlüssel haben, der zur Verbindung benutzt wird usw. Diesen Schlüssel bekommt das Fremdnetz von meinem Heimatprovider über eine Kommunikation. Da muss man sich natürlich fragen: Auf welchem Weg wird diese Information ausgetauscht? Ist das eine abgeschlossene Welt, in die niemand eindringen kann? Die Informationen gehen zum Teil über unverschlüsselte Richtfunkstrecken, die sicherlich eine gewisse Sicherheit bieten. Aber diese Dinge werden häufig auch einfach über offenes Internet übertragen. Man kann nur hoffen, dass die Informationen, die zwischen den Providern ausgetauscht werden, wirklich sicher ausgetauscht werden, dass die Provider dies vernünftig absichern. Als Benutzer hat man im Grunde keine Eingriffsmöglichkeit.

Fazit: Wenn Sie diese Technologie verwenden, um Ihre E-Mails abzurufen oder um Daten zu übertragen, seien Sie sich der Sicherheitslage bewusst, seien Sie sich bewusst, dass die Sicherheitsdienste nur sehr kurz greifen, dass sie schwach sind und dass man zusätzliche Maßnahmen benötigt, um die Daten wirklich sicher von Ende zu Ende zu übertragen, sodass nicht alles in irgendwelchen Zwischenstellen offen liegt.

Wie sieht es mit den anderen Technologien aus?

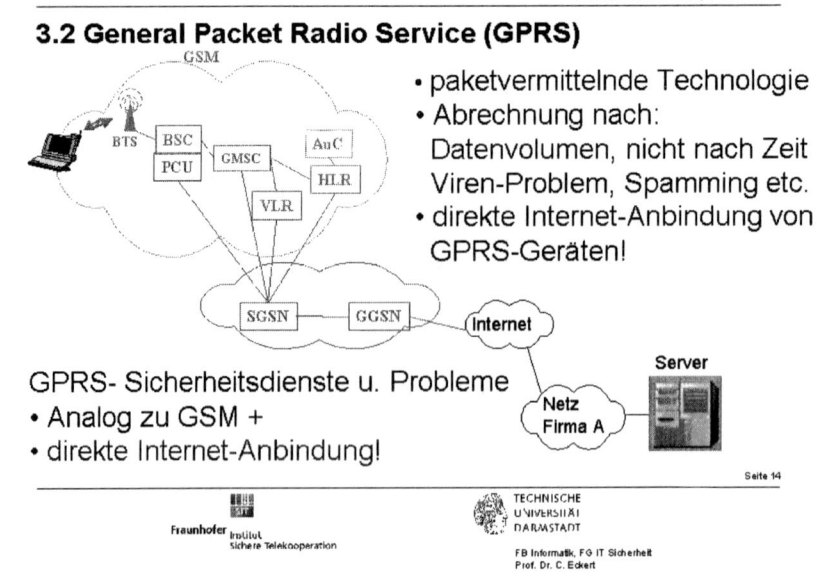

3.2 General Packet Radio Service (GPRS)

- paketvermittelnde Technologie
- Abrechnung nach: Datenvolumen, nicht nach Zeit Viren-Problem, Spamming etc.
- direkte Internet-Anbindung von GPRS-Geräten!

GPRS- Sicherheitsdienste u. Probleme
- Analog zu GSM +
- direkte Internet-Anbindung!

Als Weiterentwicklung gibt es mittlerweile GPRS. Damit steht uns eine paketvermittelnde Technologie zur Verfügung. Die Daten werden in einzelne Pakete verpackt und übertragen. Das kennen wir bereits aus dem Internet. Die Abrechnung erfolgt nach dem Datenvolumen, das übertragen wird, und nicht nach Zeit. Das Gerät, sei es ein Notebook oder ein GPRS-fähiges Handy, hängt direkt über GPRS am Internet, hat eine eigene IP-Adresse und kann „always on" sein. Denn ich zahle ja nicht für die Zeit, sondern nur für die Datenvolumina, die ich übertrage. Das gibt mir eine gewisse Freiheit, mich immer einzuklinken, und wenn es Not tut, schicke ich einfach etwas ab. Dies eröffnet aber auch wieder einen großen Problembereich. Ich hänge also permanent am Internet. Damit bin ich natürlich gefährdet, Viren auf mein mobiles, auf diese Weise angekoppeltes Gerät zu bekommen, dass ich für Spam-Mails zahlen muss, weil ich ja für das Datenvolumen bezahlen muss, usw. Insoweit bestehen durchaus gewisse Probleme, die man beachten muss.

Da es sich um eine direkte Internetanbindung handelt, könnte man meinen, dass GPRS auch etwas für die Sicherheit tut. Das ist aber nicht der Fall. Darüber muss man sich im Klaren sein. GPRS ist eine Architekturweiterentwicklung des ursprünglichen GSM, enthält aber keinerlei Weiterentwicklung der Sicherheitsdienste. Das heißt, alles, was wir unter GSM haben, haben wir auch unter GPRS. Dies gilt auch für alle Probleme. Zusätzlich hängen wir bei GPRS auch noch am Internet, mit all den damit verbundenen Problemen. Wenn Sie GPRS nutzen, sind Sie also noch gefährdeter.

Daher ist zu fragen: Kann ich etwas dagegen tun? Die erste einfache Antwort darauf lautet: Ich darf mich nicht darauf verlassen, dass die Technologie selber Sicherheitsdienste bietet. Vielmehr muss ich selbst etwas darüber bauen.

3.2 GPRS

Erhöhung der Sicherheit durch z.B. :
- Virtuelles Privates Netz (VPN) (z.B. mit IPsec)
  - Effekt: Ende-zu-Ende Sicherheit
    sicherer Tunnel durch unsicheres GSM/GPRS-Netz
  - Notwendig: VPN-Client auf Endgerät (MS)

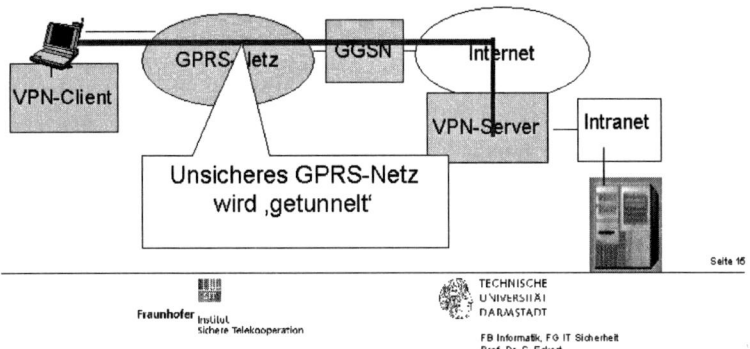

Am einfachsten ist es, einen virtuellen sicheren Kanal vom Gerät, von dem die Daten kommen sollen, zum Endgerät bzw. zu einem vertrauenswürdigen Server im Unternehmen aufzubauen. Das sind diese virtuellen privaten Netze. Das sind diese sicheren Tunnels. Dort packe ich meine Daten selber ein, ich verschlüssele, ich sorge dafür, dass Prüfsummen berechnet werden, und erst die so behandelten Daten schicke ich in das GSM- oder GPRS-Netz. Ob sie dann noch einmal stückweise verschlüsselt werden und ob die Verschlüsselung schwach oder stark ist, ist mir dann egal. Ich habe ja schon auf Sicherheit gesetzt, habe schon die Unsicherheit „durchgetunnelt" und sitze auf der sicheren Seite. – So arbeite ich mit meinen Geräten übrigens auch, wenn ich über GPRS arbeite.

Liefert uns nun die Zukunft die ersehnte Lösung, sodass wir nicht selber anfangen müssen, herumzuinstallieren, sodass wir das Vorhandene einfach nutzen, und dann ist alles klar? UMTS ist als Weiterentwicklung von der Architektur her eigentlich der GPRS-Architektur sehr ähnlich.

3.3 UMTS (Universal Mobile Telecommunication System)

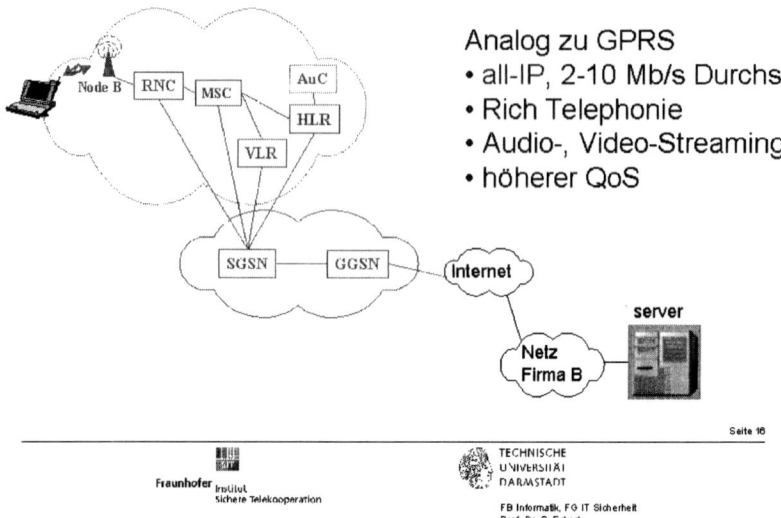

Analog zu GPRS
- all-IP, 2-10 Mb/s Durchsatz,
- Rich Telephonie
- Audio-, Video-Streaming
- höherer QoS

Auch UMTS-fähige Handys bzw. mobile Geräte hängen direkt am Internet, besitzen also eine Internetadresse. Man kann damit viel mehr machen, weil der Datendurchsatz höher ist. Das ist ja gerade die wunderbare Welt von UMTS. Aber auch hier ist zu fragen, wie es um die Sicherheit bestellt ist, ob man aus den Erkenntnissen gelernt und hier stärkere Sicherheitsdienste in den Standard integriert hat, sodass nicht jeder Einzelne den vorhin beschriebenen Zusatzaufwand betreiben muss.

Zunächst einmal hat man versucht, sich sehr stark an die Sicherheitsdienste von GSM anzupassen.

UMTS-Sicherheitsdienste

Adaption der GSM/GPRS-Sicherheitsdienste
- Vertraulichkeit der Teilnehmeridentität,
- Authentifizierung des Teilnehmers gegenüber dem Netz
- verschlüsselte Kommunikation auf der Luftschnittstelle,
- Authentifikation des Teilnehmers gegenüber der USIM-Karte

UMTS-Erweiterungen:
- Heimatnetz authentifiziert sich auch gegenüber Benutzern
- Sequenznummern, um Replay-Attacken abzuwehren
- Integritätsschlüssel, um Modifikationen zu erkennen
- Sichern der Kontrollsignale beim Verbindungsaufbau

Benutzer werden in gleicher Weise authentifiziert, es gibt wieder eine kleine Smartcard, die jetzt USIM heißt. Auch die Kommunikation soll verschlüsselt sein. Man hat aber durchaus schrittweise aus den Problemen mit GSM und GPRS gelernt. Wir hatten vorhin gesagt, dass sich das Netz, in das man sich einbucht, nicht ausweisen muss. Nunmehr besteht eine wechselseitige Authentifikation. Dies geschieht, wo immer man sich anmeldet, sodass man auch nachschauen kann, ob es das richtige Netz ist. Das entzieht natürlich den IMSI-Catchern den Boden. Es gibt zusätzliche Maßnahmen, sodass man auch Angriffe, die ich vorhin noch gar nicht erwähnt habe, abwehren kann. Wiedereinspielungen können erkannt werden, und es gibt jetzt Maßnahmen, um Datenmanipulation zu erkennen. Das gab es vorher gar nicht. Auch die Kontrollsignale werden stärker abgesichert, was für die SMS wichtig ist.

Das bedeutet eine deutliche Verbesserung.

Fazit UMTS-Sicherheit:

Verbesserungen gegenüber GSM/GPRS: u.a.
- starke Kryptoverfahren, 128-Bit Schlüssel und Integrität
- Abwehr von Catchern (Spoofing-Angriffen)
- offener Entwurf: Erhöhung der Sicherheit u. des Vertrauens

Aber:
- Absicherung nur der Luftschnittstelle!
- Keine Ende-zu-Ende Sicherheit: VPN-Lösung notwendig!
- All-IP: Angriffe auf Betreiber-Rechner, Core-Netze? Vertrauen!
- keine Interoperabilität zw. GSM/GPRS, UMTS, WLAN: Secure seamless Roaming? Forschungsaktivitäten notwendig

Fraunhofer Institut
Sichere Telekooperation

TECHNISCHE UNIVERSITÄT DARMSTADT
FB Informatik, FG IT Sicherheit
Prof. Dr. C. Eckert

In dem Standard sind nunmehr zusätzliche Dienste enthalten. Auch die verwendeten Verfahren sind von ihrer Stärke her deutlich besser. Die Verbindungsschlüssel haben 128 Bit, sind also auch kryptografisch stark. Und was auch wichtig ist: Das Ganze unterlag einem offenem Entwurf. Spezialisten haben sich das alles angeschaut. Damit hat man ein großes Vertrauen in die Qualität dieser Lösungen.

Eines aber bleibt nach wie vor: All diese Maßnahmen stellen wiederum nur auf das kurze Stück der Luftschnittstelle ab. Erneut betreffen diese Maßnahmen also nur das Stück, auf dem Sie mit Ihrem Handy bis zum ersten UMTS-Funkmasten kommunizieren, um Daten über diese drahtlose Welt austauschen. Ab dort, wo die Daten von Netz zu Netz oder ins Internet weitergereicht werden, sind die Sicherheitsdienste wiederum nicht mehr existent. Die Daten werden entschlüsselt, es erfolgen keine Integritätsprüfungen mehr. Dort bleibt wieder alles offen. Wir haben also auch unter UMTS keine Ende-zu-Ende-Sicherheit; nur die Funkschnittstelle ist abgesichert. Mit UMTS ist es demnach besser als mit GSM, aber eben nur stückweise.

Das Credo von UMTS ist All-IP: Alles soll über IP, über Internetprotokoll, abgewickelt werden. Auch alle UMTS-Netzprovider, die untereinander wiederum Informationen austauschen müssen, damit sich die Benutzer tatsächlich mobil in verschiedenen Netzen bewegen können, verwenden IP-Netze, um sensitive Daten – Verschlüsselungsdaten, Authentifizierungsdaten – der Fremdnutzer, ihrer Gäste, auszutauschen.

Auch hier muss man natürlich wieder fragen: Haben wir Vertrauen in die Infrastruktur dieser Netzbetreiber? Sie hängen selber am Internet. Wir wissen alle, was es bedeutet, wenn man keinen großen Systemadministrationsaufwand betreibt, um die eigenen Daten zu sichern. Bis dorthin werden die Daten, wie gesagt, verschlüsselt. Ab dort sind sie im Klartext vorhanden. Also sollte man vielleicht nicht unbedingt darauf vertrauen.

Zu fragen ist auch, wie sich die verschiedenen Technologien, die im Einsatz sein werden, eigentlich vertragen. Vielleicht befinde ich mich in einem Bereich, in dem UMTS noch nicht etabliert ist. Dann werde ich mit GPRS oder mit GSM kommunizieren. Ich wandere dann in einen Bereich, der gut erschlossen ist, in eine Großstadt, in dem UMTS zur Verfügung steht. Kann ich mich einfach locker in diese Welt weiterreichen lassen? Wie sieht es mit den Sicherheitsstandards, mit den Verbindungen aus? Als Benutzer möchte man ein nahtloses transparentes Roamen zwischen all diesen Technologien, ohne dass man in irgendeiner Weise eingreifen muss. Das bedeutet, dass man, in welcher Technologie auch immer man sich bewegt, höchsten Sicherheitsstandard bekommt und nicht herunterfällt, weil auf einmal in einem Bereich geroamt wird, der gewisse Sicherheitsdienste gar nicht mehr anbietet.

Die Netzbetreiber entfalten diesbezüglich sehr große Forschungsaktivitäten. Ich bin selber in verschiedenen Projekten mit führenden Netzprovidern tätig, um der Frage nachzugehen, wie man einen hohen Sicherheitsstandard garantieren kann. Noch funktioniert das nicht vernünftig.

Klar ist also: Auch mit dem neuen Standard UMTS werden wir keine Lösung haben, die uns in die Lage versetzt, Ende zu Ende sicher und vertrauenswürdig zu kommunizieren. Auch da brauchen wir zusätzliche Technologien, müssen z. B. wieder ein virtuelles privates Netz, ein VPN, aufbauen und einen Tunnel schlagen, damit wir uns nicht auf diese unsicheren nicht kompatiblen Technologien zurücksetzen müssen.

Noch eine Randbemerkung. Bei diesen VPN-Lösungen muss man beachten, dass gewisse Dinge verschlüsselt werden, aber Profildaten nach wie vor offen sind. Das heißt, wir müssen uns immer noch mit unseren Identitäten anmelden, wir müssen noch immer sagen, mit welchem Handy wir telefonieren. Das verschlüsseln wir so ja nicht. Die Profilbildung ist also immer noch bis zu einem gewissen Grade möglich.

Die Mobilkommunikation stellt alles in allem eine schöne neue Welt dar, ist aber nicht unkritisch zu sehen. Ohne Zusatzmaßnahmen sollten Sie sie für sicherheitskritische Dinge nicht nutzen.

Wie sieht es nun mit Wireless LAN, mit dem bekannten IEEE-Standard 802.11 mit all seinen Versionen aus?

4. Wireless LAN (WLAN) IEEE Standard 802.11
- Sehr schnelle Verbreitung:
  z.B. Lufthansa März 2003 alle 55 Lounges mit WLAN,
- Nutzung gebührenfreier Funkspektren
- verschiedene Standards: 802.11, 802.11b, 802,11g, 802.11a
- Signalreichweite: > 150 m, auch durch Mauern etc.

In der Regel: Infrastruktur-Modus mit Access Point

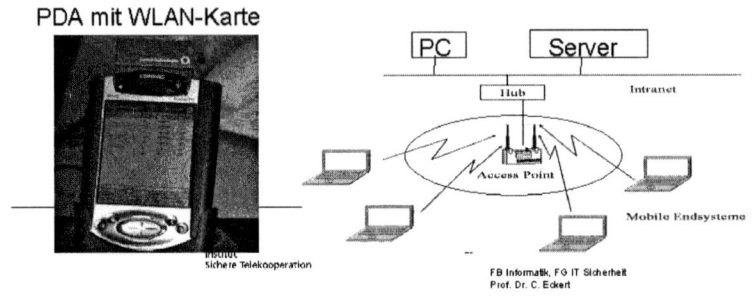

Es hat eine ungeheuer schnelle Verbreitung gefunden, was nicht zuletzt darauf zurückzuführen ist, dass man den drahtlosen Zugang im gebührenfreien, frei verfügbaren Frequenzspektrum ansiedeln kann. Sie alle kennen noch die Diskussion um UMTS und können sich noch an die Versteigerung und die Riesensummen erinnern, die dabei im Spiel waren. Wireless LAN können Sie sofort aufsetzen. Sie brauchen nichts zu bezahlen. Sie können diese Funkfrequenzen nutzen. Weil dies keinen Kostenfaktor darstellt, lässt das natürlich die Wireless LAN aus dem Boden sprießen.

Die Signalreichweite ist gut und steigert sich ständig. Sie haben insoweit die Möglichkeit, ihre Daten drahtlos über die Luft über wirklich große Entfernungen zu übertragen. Mauern stellen kein Hindernis dar, was natürlich auch sehr praktisch für Angreifer ist, die vor einem Gebäude sitzen können. Es gibt das beliebte Bild des Angreifers auf der Parkbank mit dem Laptop auf dem Schoß, der sich einfach einmal anschaut, welche Daten hinter der Mauer, im Unternehmen, über diese drahtlose Kommunikation ausgetauscht werden.

Wie sieht eine solche Infrastruktur normalerweise aus? – Eigentlich gibt es zwei Modi, ich beschränke mich hier aber auf den sehr häufig verwendeten Infrastrukturmodus. Dabei existiert zentral der so genannte Access Point, der Zugriffspunkt. Dies ist sozusagen der Brückenschlag zwischen dem Wireless LAN und der drahtgebundenen Welt, z. B. dergestalt, dass sich dahinter ein Hub befindet und dahinter ein Unternehmensnetz hängt. Davor befindet sich die drahtlose Welt mit Laptops oder PDA oder anderen Geräten, mit denen man drahtlos kommunizieren kann.

Wie die Daten technisch über welche Funkspektren ausgetauscht werden, will ich nicht im Detail beschreiben, sondern nur das Prinzip verdeutlichen. Dabei sind, beispielsweise an Wänden, so genannte Access Points aufgestellt. Mein Gerät muss nun, wenn es mit einem Access Point Daten austauschen möchte, zunächst einmal wissen, wo sich der nächste Access Point befindet und ob dieser eine ausreichend hohe Signalstärke besitzt, sodass die Daten übertragen werden können.

---

4. WLAN Forum Datenschutz, 11.9.2003

Datenaustausch zw. AP und Geräten: über Funksignale
- **Access Point** sendet regelmäßig Statusinformationen
- AP besitzt **SSID** (Identität), falls keine Absicherung:
  mit Kenntnis von SSID direktes Nutzen des WLANs möglich
- Gerät kommuniziert mit AP mit bester Signalqualität
  Versehentliche Fremdnutzung eines Netzes!

Einfachste Angriffe auf WLANs:
- WarDriving (Suche nach einem WLAN),
- Tools verfügbar: u.a. NetStumbler, MiniStumbler, Airsnort
- Mit Tools: Informationen über: erreichbare APs, SSID des AP, Hersteller, WEP-aktiviert (y,n), ...

Seite 20

Fraunhofer Institut Sichere Telekooperation

TECHNISCHE UNIVERSITÄT DARMSTADT
FB Informatik, FG IT Sicherheit
Prof. Dr. C. Eckert

Eine Möglichkeit besteht darin, dass der Access Point regelmäßig Statusinformationen ausstrahlt. Die Access Points besitzen eine Identität, eine so genannte SSID. Wenn man nicht vernünftig administriert, ist es, wenn man lediglich die richtige SSID kennt, möglich, sofort mit diesem Access Point eine Kommunikation aufzubauen und Daten zu übertragen. Im Prinzip ist eigentlich nur die Kenntnis dieser Identität notwendig, um Zugang zu einem Wireless LAN und womöglich dann auch Zugang zu dahinter liegenden Netzen und Gerätschaften zu erlangen, wenn nicht zusätzliche Maßnahmen ergriffen wurden.

Nun könnte man natürlich fragen, ob diese SSID ein Geheimnis darstellt. Wenn sie niemand von Ihnen erlangen kann, so könnte dies einen Schutz darstellen. Wir werden aber noch sehen, dass sie keineswegs ein Geheimnis ist; sie ist jederzeit herauszufinden.

Die Geräte kommunizieren ebenfalls immer mit dem Wireless LAN, das zurzeit die beste Signalqualität aufweist. Überall in der Welt sind mittlerweile Wireless LAN aufgestellt, in Gebäuden, in Firmen. Deshalb kann es Ihnen ganz leicht passieren, dass Sie in einem fremden Wireless LAN landen, weil dieses auf einmal starke Signale bis auf die Straße ausstrahlt. Das kann versehentlich passieren. Möglicherweise denken Sie, Sie seien noch in dem Wireless LAN zu Ihrem Unternehmensnetz, sind aber in Wirklichkeit schon in einem ganz anderem Wireless LAN gelandet. Dann kann es passieren, dass Daten, die Sie absenden, dort landen.

Zu fragen ist aber auch, welche Angriffe es gibt. Ich will dies nicht im Detail schildern. Wir werden gleich noch eine Demonstration hierzu sehen. Aber ich will schildern, was mit Mitteln des Hausbedarfs alles gemacht werden kann. Dabei geht es um War-Driving-Techniken, mit denen man das, was es an drahtlosen Netzen in der Umgebung gibt und vielleicht von Interesse ist, aufsammeln kann. Um solche Netze aufzufinden, stellt uns das Internet frei verfügbare Open-Source-Tools zur Verfügung, die z. B. auf einem handlichen PDA einfach zu installieren sind. Diese Tools sammeln eine ganze Menge interessanter Informationen.

Ich selbst habe einmal einen Spaziergang gemacht, um solche Informationen zu sammeln.

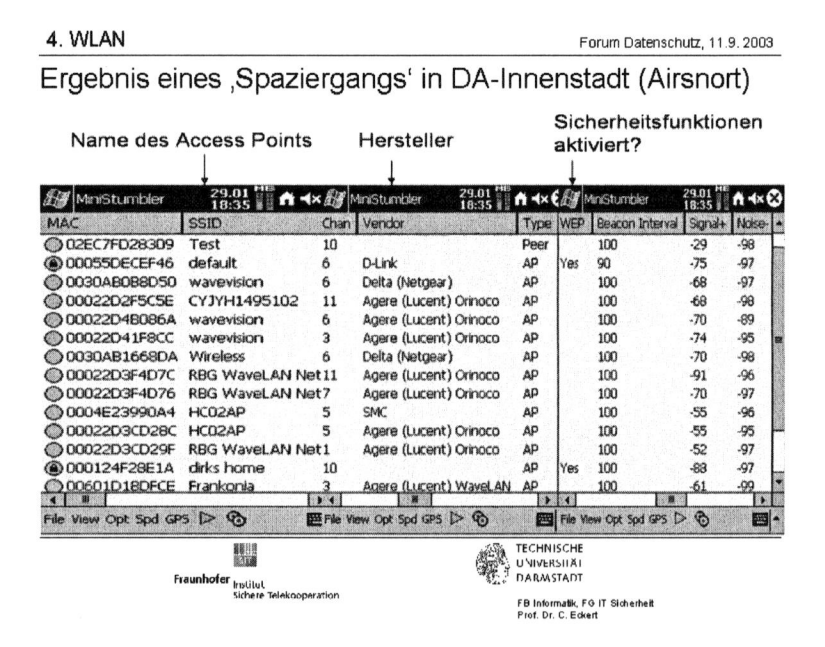

4. WLAN
Forum Datenschutz, 11.9.2003

Ergebnis eines ‚Spaziergangs' in DA-Innenstadt (Airsnort)

| Name des Access Points | Hersteller | Sicherheitsfunktionen aktiviert? |

MAC	SSID	Chan	Vendor	Type	WEP	Beacon Interval	Signal	Noise
02EC7FD28309	Test	10		Peer		100	-29	-98
00055DECEF46	default	6	D-Link	AP	Yes	90	-75	-97
0030AB0B8D50	wavevision	6	Delta (Netgear)	AP		100	-68	-97
00022D2F5C5E	CYJYH1495102	11	Agere (Lucent) Orinoco	AP		100	-68	-98
00022D4B086A	wavevision	6	Agere (Lucent) Orinoco	AP		100	-70	-89
00022D41F8CC	wavevision	3	Agere (Lucent) Orinoco	AP		100	-74	-95
0030AB1668DA	Wireless	6	Delta (Netgear)	AP		100	-70	-98
00022D3F4D7C	RBG WaveLAN Net11		Agere (Lucent) Orinoco	AP		100	-91	-96
00022D3F4D76	RBG WaveLAN Net7		Agere (Lucent) Orinoco	AP		100	-70	-97
0004E23990A4	HC02AP	5	SMC	AP		100	-55	-96
00022D3CD28C	HC02AP	5	Agere (Lucent) Orinoco	AP		100	-55	-95
00022D3CD29F	RBG WaveLAN Net1		Agere (Lucent) Orinoco	AP		100	-52	-97
000124F28E1A	dirks home	10		AP	Yes	100	-83	-97
00601D18DFCE	Frankonia	3	Agere (Lucent) WaveLAN	AP		100	-61	-99

Fraunhofer Institut
Sichere Telekooperation

TECHNISCHE UNIVERSITÄT DARMSTADT
FB Informatik, FG IT Sicherheit
Prof. Dr. C. Eckert

Als Information bekommt man den Namen des Access Points genannt, insbesondere auch seine Identität. Ich habe es vorhin gesagt: Wenn man die Identität kennt, ist ein Zugang sofort möglich, falls nicht vom Administrator zusätzliche Sicherheitsmaßnahmen vorgesehen sind. Damit hätten Sie also schon den direkten Zugang. Unter anderem erhalten Sie auch die Information, wer diesen Access Point hergestellt hat. Diese Information ist interessant, weil viele Hersteller auf ihren Geräten gewisse Standards installieren und die Geräte dann auch so ausliefern. Sie kennen das alle von sonstiger Software. Es gibt vorinstallierte Passwörter, vorinstallierte Schlüssel usw. Da der Mensch an sich zur Faulheit neigt, kauft er Geräte, pflanzt sie irgendwo ins Gebäude und verändert die Default-Einstellungen nicht. Wenn Sie also wissen: Das ist ein Gerät von XY, dann wissen Sie aus dem Internet auch, welche Default-Einstellungen dieses Gerät hat, und diese suchen Sie dann einfach. Sie können das Passwort verwenden, um die Einstellung des Access Points selbst zu verändern, Sie können die Schlüssel verwenden, wenn verschlüsselt übertragen werden soll usw. Dies sind also durchaus interessante Informationen. Sie sehen auch, ob dieses Wireless LAN so konfiguriert ist, dass zusätzliche Sicherheitsdienste aktiviert sind. Wenn nicht, steht es Ihnen relativ weit offen, um dort einzudringen, zu lauschen, zu schauen, welche Daten übertragen werden.

Was kann man dagegen tun?

4. WLAN

Mögliche Schutzmaßnahmen für WLAN?
- Maßnahme gegen unbeabsichtigtes ‚Eindringen' in WLAN:
    - Zugriffskontrolle (AP) anhand von MAC-Adressen
    - aber: hoher Administrationsaufwand, manuelle Einträge!
  schwacher Schutz: MAC-Spoofing ist einfach

- WEP Wired Equivalent Privacy
  Ziel: Vertraulichkeit, autorisierte WLAN-Nutzung, Integrität

Zunächst könnte man sich überlegen, wie ein unbeabsichtigtes Eindringen in ein fremdes Netz abgestellt werden kann. Dies könnte man ganz einfach dadurch erreichen, dass man eine gewisse Kontrolle am Access Point durchführt, und zwar dergestalt, dass jemand, der Verbindung zum Access Point aufnimmt, nicht nur signalisieren muss, dass er die Identität des Access Points kennt, sondern dass er sich auch selber als berechtigter Benutzer ausweisen muss. Das könnte dadurch geschehen, dass nur Geräten mit einer fest vorgegebenen Hardware-Adresse, der so genannten MAC-Adresse, der Zugang zu diesem Netz gewährt wird. Dies setzt aber voraus, dass der Administrator alles zunächst einmal in dieser Weise konfiguriert und festlegt, welche Geräte mit welchen Hardware-Adressen Zugriff auf das Netz haben. Hier ist also ein gewisser Administrationsaufwand notwendig. Wenn viel Bewegung zu verzeichnen ist, wenn in einem Unternehmen viele Geräte dazukommen oder wieder weggehen, bedeutet dies einen relativ hohen Aufwand bei vergleichsweise geringem Nutzen. Denn abgewehrt werden hierdurch nur jene, die sozusagen by the way, also unbeabsichtigt, in das Netz gelangen. Wer aber wirklich in das Netz eindringen will, der wird durch diese kleine Hürde, die leicht zu überwinden ist, nicht abgewehrt. Bevor Sie diesen Aufwand betreiben, überlegen Sie bitte, ob Sie nicht etwas anderes machen können.

Zu fragen ist natürlich auch: Was bietet denn der Standard selber an Sicherheitsdiensten? Ist zunächst einmal alles offen oder gibt es gewisse Möglichkeiten? Der Standard selber bietet das Paket „Wired Equivalent Privacy". Darin ist eine ganze Menge von Sicherheitsdiensten enthalten, um in dem beabsichtigten Sinne vorwärts zu kommen. Diese beziehen sich auf die Gewährleistung von Vertraulichkeit, Integrität und Authentizität. Man will damit den Funkbereich, also den Weg der mobilen Gerätschaften bis zum Access Point, absichern. Dahinter geht es in andere Welten, in andere Netze hinein. Diese sind durch diese Sicherheitsmaßnahmen nicht mehr abgedeckt.

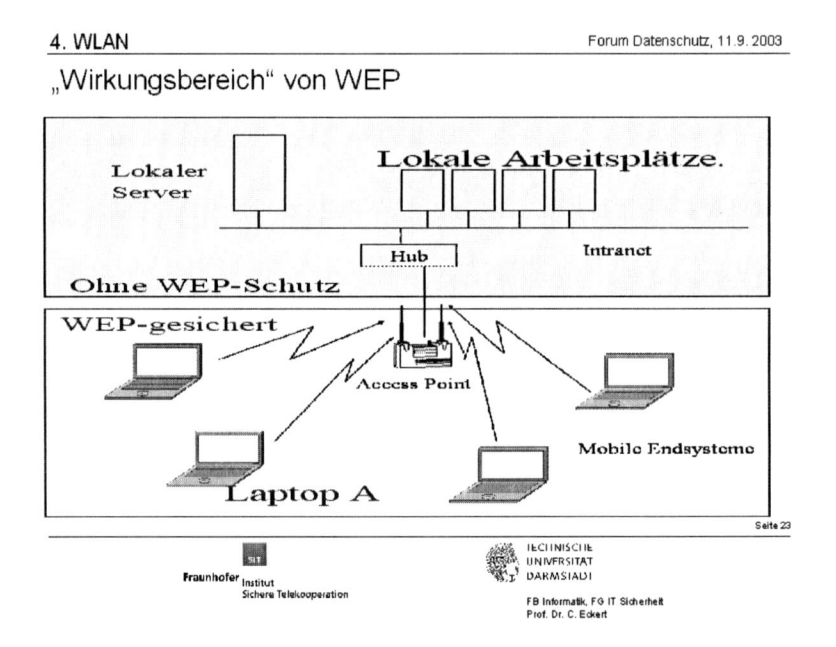

4. WLAN
Forum Datenschutz, 11.9.2003

„Wirkungsbereich" von WEP

[Abbildung: Schema „Wirkungsbereich" von WEP mit Lokalem Server, Lokalen Arbeitsplätzen, Hub, Intranet (Ohne WEP-Schutz) sowie WEP-gesichertem Bereich mit Laptop A, Access Point und Mobilen Endsystemen. Fraunhofer Institut Sichere Telekooperation; Technische Universität Darmstadt, FB Informatik, FG IT Sicherheit, Prof. Dr. C. Eckert. Seite 23]

Es ist genauso, wie ich es vorhin schon beschrieben habe: Die Luftschnittstelle bzw. die drahtlose Kommunikationsstrecke wird abgedeckt; dahinter greifen diese Dinge nicht.

Es wäre natürlich zu begrüßen, wenn dieser Bereich gut abgedeckt wäre. Aber – das wissen Sie sicherlich mittlerweile auch; es ist ja in aller Munde – diese Standardprotokolle leisten, wenn man sie denn aktiviert, überhaupt nicht das, was man von ihnen erwarten sollte. Zunächst einmal wird gesagt, mit diesen Techniken könne dafür gesorgt werden, dass mobile Gerätschaften, die sich bei einem Access Point anmelden, authentifiziert werden, also nachweisen müssen, welches Gerät sie sind. Dann kann man konfigurieren, ob dieses Gerät das Netz nutzen darf oder nicht. – So die Theorie. Die Praxis sieht bei diesem Standard so aus, dass dieses Überprüfen allein dadurch geschieht, dass das mobile Gerät sozusagen ein Geheimnis, einen Schlüssel, kennen muss. Dieser Schlüssel muss der gleiche sein, den auch der Access Point kennt.

Nun wäre es natürlich schön, wenn jedes mobile Gerät ein eigenes Geheimnis mit dem Access Point teilte. So ist das aber nicht.

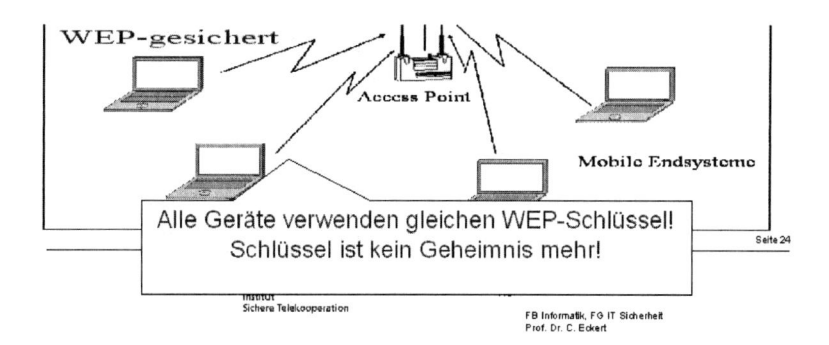

4. WLAN

Einige Probleme mit WEP:
- WEP-Authentifikation: über gemeinsamen Schlüssel
  - Schlüssel: manuell im AP und in jedem Client eintragen
  - nur Gerät wird authentifiziert, nicht der Benutzer
  - AP authentifiziert sich nicht: Spoofing-Angriffe

Alle Geräte verwenden gleichen WEP-Schlüssel! Schlüssel ist kein Geheimnis mehr!

Alle mobilen Geräte, die einen Wireless-LAN-Zugang zu einem Access Point haben und über diesen Weg geschützt werden, bekommen den gleichen Schlüssel, und der Access Point hat im Wesentlichen diesen einen Schlüssel. Alle anderen müssen diesen auch kennen, und die Kenntnis dieses Schlüssels besagt dann: Du bist berechtigt. Damit ist das natürlich überhaupt kein Geheimnis mehr. Sie müssen nicht davon ausgehen, dass nicht nur vier mobile Geräte angeschlossen sind. Hunderte von mobilen Geräten besitzen vielmehr den gleichen Schlüssel. Diesen Schlüssel muss man noch dazu manuell konfigurieren. Also kennen viele Administratoren dieses Geheimnis. Das ist einfach kein vernünftiger Ansatz, um Sicherheit hineinzubringen. Wenn Sie das wissen, werden Sie natürlich als Administrator den Schlüssel nicht ändern. Denn das bedeutet ja, dass alle Schlüssel geändert werden müssten, dass der Schlüssel auf jedem einzelnen Gerät geändert werden müsste, dass jedes einzelne Gerät wieder angefasst werden und dass auf ihm wieder neu konfiguriert werden müsste. Diese Schlüssel sind mehr oder minder für immer eingetragen. Das hat man natürlich nicht so gerne.

Die Authentifikation ist eher ein Witz. Sie bezieht sich auf das Gerät. Es ist völlig gleich, wer dieses Gerät in der Hand hat. Sie authentifizieren nicht den Benutzer, der dahinter steht, sondern nur denjenigen, der die richtige Wireless-LAN-Karte, das richtige Gerät, hat.

Auch über die Verschlüsselung gibt es Artikel über Artikel, die besagen, wie schwach die Verschlüsselung auf dieser Funkschnittstelle ist.

4. WLAN

WEP-Verschlüsselung: u.a.
- Kurze Schlüssel: nominell nur 40 Bit bzw. 104 Bit
- Angriffstools zum Knacken des WEP-Schlüssels K
  auch mit WEP: einfaches Abhören möglich!

WEP-Integrität
- Verwendung linearer CRC-32 Prüfsummen
- Angreifer kann Chiffretexte modifizieren und gleichzeitig
  die Prüfsumme anpassen,
  Empfänger erkennt durchgeführte Manipulation nicht
Einschleusen von gefälschten Daten ist möglich

Fazit: WLAN-Zugänge auch mit WEP unsicher!

In diesem Zusammenhang möchte ich nur noch einmal erwähnen: Die Schlüssel, die verwendet werden, sind nominell so kurz, dass sie heutzutage als nicht mehr geeignet anzusehen sind. Es gibt Angriffstools, mit denen man diese Schlüssel innerhalb kürzester Zeit knacken kann, sodass dann alle Kommunikationsverbindungen offen liegen. Auch wenn man WEP installiert hat, ist das kein wirklicher Schutzwall gegen Einbrechen. Das liegt nicht zuletzt an den verwendeten Verfahren und daran, wie diese Verfahren eingesetzt werden. Es sind einfach Designfehler gemacht worden.

Der Standard verspricht unter anderem auch, dass man die Daten nicht einfach manipulieren kann, dass man die Integrität prüfen kann. Auch das stimmt nicht, weil auch diesbezüglich Designfehler gemacht wurden. Um solche Prüfungen durchzuführen, sind Verfahren verwendet worden, die hierfür einfach nicht geeignet sind. Es sind Verfahren im Einsatz, mit denen man Bit-Fehler erkennen kann, wie man sie im Internet immer wieder hat. Damit kann man aber beispielsweise nicht erkennen, dass jemand ein Datum gezielt manipuliert hat, um beispielsweise Kaufsummen zu verändern. Ein Angreifer kann also tatsächlich Daten verändern, gleich auch die Prüfsumme nachziehen, und keiner merkt es.

Fazit: Wenn Sie einen Wireless LAN-Zugang nutzen, müssen Sie sich klar darüber sein: Es ist schlicht und ergreifend ein unsicheres Netz. Wenn Sie diesen Wireless-LAN-Zugang so konfigurieren, dass er z. B. hinter der Firewall liegt und damit die Zugriffe sofort auf das interne Netz weitergehen, dann haben Sie einen groben Fehler gemacht. Sie haben sich sozusagen die Unsicherheit direkt hereingeholt. Der Zugang muss auf jeden Fall vor der Firewall liegen, damit man noch einmal Kontrollmöglichkeiten hat. Sie müssen sich klar darüber sein, dass die Sicherheitsmaßnahmen dort nicht greifen.

Wenn Sie über diesen Weg Daten austauschen wollen, bleibt Ihnen nichts anderes übrig, als wieder einen Tunnel zu bauen, um auf diese Art und Weise voranzukommen.

In diesem Zusammenhang ist auch zu fragen, welche Verbesserungen es auf Technologieseite gibt.

4. WLAN

Forum Datenschutz, 11.9.2003

Verbesserungen:
- WPA (WiFi Protected Access):
    - TKIP Schlüsselmanagement, aber nur Wrapper, d.h. Design-Probleme bestehen fort
    - IEEE 802.1X Authentifikations-Framework, aber Man-in-the-Middle Angriffe, Session Hijacking Angriffe

Warten auf 802.11i ! Neue Sicherheitsfeatures!
- Alternative: VPN: gesicherte Verbindungen

Internes Netz — VPN-Gateway — AP — WEP-Sicherheit
VPN-Tunnel

Fraunhofer Institut Sichere Telekooperation

TECHNISCHE UNIVERSITÄT DARMSTADT
FB Informatik, FG IT Sicherheit
Prof. Dr. C. Eckert

Es gibt Weiterentwicklungen, die auch auf dem Markt sind, die in die Gerätschaften integriert sind und mit denen man versucht, ein paar Probleme in den Griff zu bekommen. Das zuvor erwähnte Schlüsselproblem versucht man z. B. durch eine gewisse Dynamik, durch ein gewisses Wechseln, zu lösen. Aber auch das greift zu kurz. Die zugrunde liegenden Designfehler, die die Angriffe möglich machen, werden dadurch nicht beseitigt. Es ist nur eine Hilfslösung, um ein bisschen besser zu werden, es ist aber nicht wirklich gut.

Um stärkere Authentifikationsmaßnahmen hineinzubringen, werden in den Weiterentwicklungen andere Standards verwendet. Diese wiederum sind – was häufig anzutreffen ist – für ganz andere Anwendungsbereiche konzipiert, einfach in diesen Wireless-LAN-Bereich transferiert worden und eröffnen wieder neue Probleme. Das heißt, auch da ist es möglich, dass man einen Angreifer in der Mitte hat, der all diese Verbindungen kontrolliert. Eine Ende-zu-Ende-Absicherung, die eigentlich vorhanden sein sollte, ist also auch hiermit nicht wirklich gegeben.

Wir können natürlich jetzt alle auf den Fortsetzungsstandard warten, für den neue, bessere Sicherheitsfeatures angekündigt sind, und müssen uns bis dahin wieder mit unseren eigenen Bordmitteln behelfen, wieder selber Hand anlegen, um solche Tunnels aufzubauen. Dann braucht uns der Rest nicht zu stören. Wir haben die Sicherheit in der Hand.

Bei allem, was wir in diesem Bereich tun, sind kleine Geräte im Spiel.

Forum Datenschutz, 11.9.2003

5. Risiken mit Mobile Geräten: PDA, Handy, ...

- Beschränkte Ressourcen (z.B. Batterie) (Virus!)
- Kommunikations-Möglichkeiten (IrDA, WLAN, ...)
  spontane (sogar unbemerkte) Datenübertragung
- Klein, portabel: verlieren, vergessen, stehlen ... 
- Verlieren/Vergessen? „Das passiert mir doch nicht?"
  Statistik: Londoner Taxen, erste 6 Monate in 2001
  2900 Laptops, 1300 PDAs und 62 000 Handys vergessen!
- Daten-/Informationsverluste (u.a. persönliche Daten)!

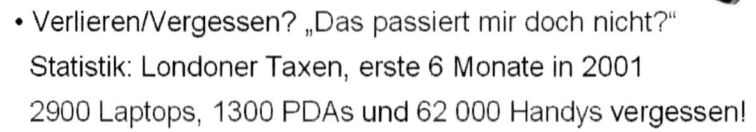

Verstärkte Risiken: Vertraulichkeit, Integrität, Privatheit

Seite 27

Fraunhofer Institut Sichere Telekooperation

TECHNISCHE UNIVERSITÄT DARMSTADT
FB Informatik, FG IT Sicherheit
Prof. Dr. C. Eckert

Birgt das wiederum zusätzliche Probleme? Ja, so ist es. Diese kleinen Geräte verfügen zum einen nur über beschränkte Batterieressourcen. Es gibt Angriffe – Sie können sich einen beliebigen Virus in dieser Richtung vorstellen –, die darauf aus sind, meine Ressourcen zu erschöpfen. Wenn die Batterie leer ist, sind meine Daten weg. Das wäre sehr unschön.

Außerdem verfügen diese Gerätschaften über eine Menge an Kommunikationsfähigkeiten. Wenn ich diese aktiviert habe, aber momentan gar nicht nutze, kann es passieren, dass mein Gerät trotzdem z. B. mit Ihrem PDA spricht und dass es plötzlich anfängt, Daten auszutauschen. Möglicherweise bekomme ich das gar nicht mit.

Diese Geräte sind – was sie ja attraktiv macht – schön klein und portabel, sodass man sie leicht irgendwo liegen lässt und vergisst. Nun denkt man ja: Mir passiert das nicht. Aber überzeugend in dieser Hinsicht ist eine – mittlerweile schon etwas ältere – Statistik darüber, was im Jahre 2001 innerhalb von sechs Monaten alleine in Londoner Taxen liegen geblieben ist. Damals war der richtige Boom der kleinen Geräte noch gar nicht ausgebrochen.

Nun könnte man sagen, ein Gerät liegen zu lassen, ist nicht so wild. Es ist auch nicht die Hardware, die uns wirklich Probleme macht, weil sie Geld gekostet hat, sondern, es sind die Daten, die sich auf dem Gerät befinden. Deshalb habe ich eingangs darauf hingewiesen: Auf diesen Geräten befinden sich nicht nur meine Termine, sondern auch viele private und geschäftliche, unternehmensrelevante Daten, mit denen ich arbeite, die ich verarbeite. Wenn solche Daten auf diese Weise in falsche Hände gelangen, dann brauche ich mich um Verschlüsselungen auf der Kommunikationsschnittstelle nicht zu kümmern, dann hat ein Mensch sie sowieso gleich in der Hand.

Man muss sich also im Klaren darüber sein, dass wir mit diesen Gerätschaften und mit all den Randbedingungen eine Reihe neuer Probleme haben. Die Daten die darauf gespeichert sind, sind Angriffen ausgesetzt, weil man sie einfach auslesen kann und weil vielleicht auch private Daten in falsche Hände gelangen können.

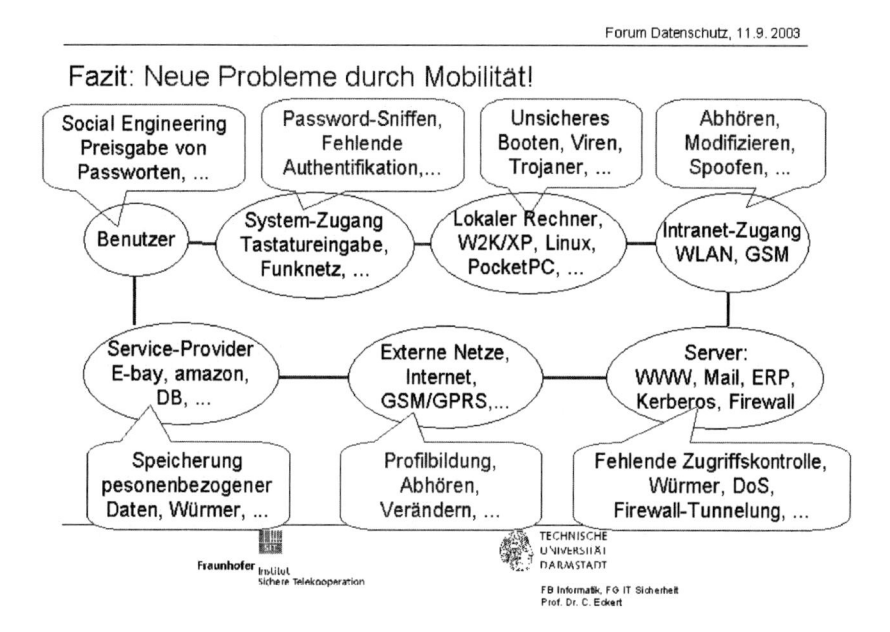

Forum Datenschutz, 11.9.2003

Fazit: Neue Probleme durch Mobilität!

- Social Engineering, Preisgabe von Passworten, ...
- Password-Sniffen, Fehlende Authentifikation, ...
- Unsicheres Booten, Viren, Trojaner, ...
- Abhören, Modifizieren, Spoofen, ...

- Benutzer
- System-Zugang Tastatureingabe, Funknetz, ...
- Lokaler Rechner, W2K/XP, Linux, PocketPC, ...
- Intranet-Zugang WLAN, GSM

- Service-Provider E-bay, amazon, DB, ...
- Externe Netze, Internet, GSM/GPRS, ...
- Server: WWW, Mail, ERP, Kerberos, Firewall

- Speicherung pesonenbezogener Daten, Würmer, ...
- Profilbildung, Abhören, Verändern, ...
- Fehlende Zugriffskontrolle, Würmer, DoS, Firewall-Tunnelung, ...

Fraunhofer Institut Sichere Telekooperation

TECHNISCHE UNIVERSITÄT DARMSTADT
FB Informatik, FG IT Sicherheit
Prof. Dr. C. Eckert

Wenn wir uns die klassische Sicherheitskette noch einmal anschauen, über den Benutzer, den Zugang zum System, das einzelne Gerät mit der Betriebs-Software darauf, vielleicht weitergehend über offene, größere Netze zu Server-Rechnern usw., kennen wir natürlich die Standardprobleme solcher Systeme, die ich jetzt gar nicht mehr aufgreifen will. Durch die Mobilität kommen weitere Probleme hinzu. Beim Zugang lauern zusätzliche Gefahren, beim Weiterleiten hat man es eben nicht mehr mit abgeschlossenen Systemen zu tun, sondern es werden offene, frei zugängliche Systeme verwendet, die abgehört werden können. Wenn ich mich in solchen offenen Systemen bewege, kann auch Profilbildung betrieben werden. Es gibt eine Menge von Einzelmaßnahmen in den heutigen Systemen. Die Kette bricht immer am schwächsten Glied. Wenn wir an diesen Technologien nichts tun, müssen wir uns nicht wundern, wenn unsere Daten in falsche Hände geraten.

Es gibt also ein paar Lösungen, allerdings auch fundamentale Probleme, deren Lösung nicht einfach aus dem Ärmel geschüttelt werden kann.

Ich möchte Ihnen noch ein paar Denkanstösse hierzu geben und Ihnen zeigen, woran wir an der Hochschule arbeiten.

Forum Datenschutz, 11.9.2003

6. Offene F&E Probleme (Auswahl)

- Neue Protokolle und Architekturen
  Hardware-Software Co-Design (TCG/TCPA?)
- Sicherer Fernzugriff auf mobile Systeme
  Sicherer Download, sichere Fernwartung, ...
- Etablieren von Vertrauens-Beziehungen in ad-hoc Netzen
  Mobile PKI? Mobile, flexible ad-hoc VPN-Lösungen?
- Seamless Roaming: zw. GPRS, WLAN, BT, UMTS, ...
  Garantierte 'Quality of Security' ('QoS')
- Privacy-Fragen in mobilen (ubiquitären) Systemen

Seite 29

Fraunhofer Institut
Sichere Telekooperation

TECHNISCHE UNIVERSITÄT DARMSTADT
FB Informatik, FG IT Sicherheit
Prof. Dr. C. Eckert

Wir wollen z. B. hardwareunterstützt – Hardware, Software, Co-Design – mehr Sicherheit hineinbringen. Ich könnte natürlich ein neues Fass aufmachen, eine Debatte über Traffic Computing Aliens und Traffic Computing Group und all den damit zusammenhängenden Problemen anstoßen und fragen: Helfen sie uns, schaden sie uns? Das will ich jetzt einmal so stehen lassen, aber das alles muss man natürlich untersuchen.

Zu fragen ist auch: Wie kann ich auf diese mobilen Gerätschaften wirklich sicher zugreifen? Zu denken ist in diesem Zusammenhang an das Gesundheitswesen, an das Automobil. Wie mache ich es, dass ich diese durchaus spannenden Anwendungsmöglichkeiten wirklich nutzen kann? Wenn mein Auto irgendwo liegen geblieben ist, lasse ich die Panne einfach per Fernzugriff analysieren, und dann wird das eben in Ordnung gebracht. Ein Software-Patch, und das Auto läuft wieder. Das hört sich gut an. Es kann aber auch sein, dass ich gerade mit 120 km/h auf der Autobahn fahre, es kommt ein Software-Patch und ich hänge am Brückenpfeiler. Das hört sich weniger gut an. Wie also mache ich so etwas?

Ich bin spontan, kommuniziere mit Ihnen bzw. meine Gerätschaften tun dies. Wie baue ich spontan und ad hoc eine Vertrauensbeziehung auf, ohne einen großen Aufwand über PKI zu betreiben? Auch diese Fragen ist noch offen.

Das Interoperieren über verschiedene Technologien, sodass ein gewählter Sicherheitsstandard gewährleistet ist, ist ein weiteres Problem. In Abwandlung des Begriffs „Quality of Service" nenne ich es einmal Quality of Security. Wie macht man so etwas? Was braucht man hierfür?

Auch diese Fragen werden untersucht, ebenso wie folgende große Problemstellung: Wir haben in unserem normalem Leben immer mehr Gerätschaften zur Verfügung, die sprichwörtlichen Toaster, die über das Internet kommunizieren, die Kühlschränke, die sich selber auffüllen. Überall sind Technologien enthalten. Gibt es überhaupt noch eine Privatsphäre? Jeder spricht mit jedem, jedes Gerät plaudert über mich. Wie können dabei Daten wirklich geschützt werden?

Dies sind sehr viele offene Fragen, an denen noch sehr intensiv gearbeitet wird. Ich denke, in dieser Richtung muss auch noch viel Forschung und Entwicklung betrieben werden.

Was also wollte ich Ihnen vermitteln?

7. Zusammenfassung

- Mobile Systeme eröffnen neue Anwendungsbereiche erhöhte Flexibilität, schnellere Reaktion in Notfällen etc.
- Trends: Smarte Geräte/Objekte, offene Architekturen
- (Mobile) Sicherheit ist von wachsender Bedeutung
- Gute Nachricht: für Standardprobleme gibt es Lösungen
- aber: z.T. sehr aufwändig zu nutzen, fehlerhaft, nur Teillösung: **Kette ist so sicher, wie schwächstes Glied!**
- Verstärkung bestehender Sicherheits-Risiken: Abhören, Modifizieren, Profilbildung, ...
- Viele interessante, offene F&E Fragen sind noch zu lösen

Diese mobilen Systeme, wie ich sie Ihnen zu Anfang meines Vortrags dargestellt habe, sind aus meiner Sicht wirklich challenging. Sie liefern Möglichkeiten, ganz neue Anwendungen zu konzipieren, sozusagen flexibel neue Freiheiten auszuleben, aber auch für problematische Bereiche, um in Notfällen schneller zu reagieren usw. Der Trend geht dahin, überall smarte Objekte zu haben, die in der Lage sind, Informationen auszutauschen, zu agieren und nicht nur zu reagieren. Mit all dem wächst die Sicherheitsproblematik. Ich habe versucht, kurz aufzuzeigen, worauf man in dieser Hinsicht achten muss.

Die gute Nachricht bei dieser Problemlage ist sicherlich, dass man für manche Dinge Standardlösungen entwickeln kann. Ich erwähne immer wieder die Möglichkeit, diese so genannten Tunnels zu bauen. Wenn dies gelingt, kann man sich vieles vom Hals schaffen. Aber die schlechte Nachricht lautet: Man muss es eben machen. Man muss es selber konfigurieren, man muss das Know-how besitzen, und man hat dann natürlich auch immer eine Fehlerquelle, weil man überall Hand anlegen muss, was sehr unbefriedigend ist. Wenn man das nicht richtig macht, wenn man an irgendeiner Stelle der von mir aufgezeigten Kette schlampt, dann tut sich wieder die gesamte Sicherheitsproblematik auf.

Mit dieser mobilen Technologie, mit all diesen neuen Möglichkeiten haben wir ein verstärktes Sicherheitsrisiko. Probleme gibt es hinsichtlich der Vertraulichkeit unserer Daten, der Integrität unserer Daten und unserer Privatsphäre, ganz zu schweigen von Problemen hinsichtlich der Verbindlichkeit. Dies birgt eine Menge spannender Fragen. Wenn wir sie alle gelöst haben, können wir uns beruhigt zurücklehnen.

Ich danke Ihnen für Ihre Aufmerksamkeit. Wie wir gehört haben, sollen Fragen zu meinem Vortrag erst später gestellt werden.

Prof. Dr. Friedrich von Zezschwitz, Hessischer Datenschutzbeauftragter:

Vielen Dank, Frau Professor Eckert. Das Ausmaß der Gefährdung ist mir in diesem Umfang nicht bewusst gewesen. Ich wusste zwar, dass beim Handy Vertrauliches nicht wirklich vertraulich gehalten werden kann. Aber dass man bei den Wireless LAN selbst mit sorgfältigen Maßnahmen der Abschirmung auf so ungesicherter Basis steht, gibt mir doch zu denken. Ich werde mit Sicherheit entscheiden, dass in meiner Dienststelle kein Wireless LAN eingerichtet wird, sondern dass, wenn irgend möglich, drahtgebunden gearbeitet wird, weil die Angriffsmöglichkeiten hierbei doch sehr viel geringer sind.

Frau Prof. Dr. Claudia Eckert, TU Darmstadt:

Ich muss dazu sagen, dass es nicht notwendig ist, dies alles nicht zu nutzen. Wir am Institut verwenden Wireless LAN. – Sie können gerne ein bisschen hacken kommen. – Aber wir haben natürlich unsere eigenen Sicherheitsmaßnahmen zusätzlich eingebaut. Wir verwenden diese VPN-Lösungen, sodass man wirklich sicher sein kann, dass nur Berechtigte Zugang erhalten. Wir haben das so administriert, dass jemand, der als Gast bei uns am Institut ist, einen abgeschotteten Bereich erhält, auf dem er sich austoben kann; er kommt aber nicht an unsere sensiblen Daten heran. Man kann das also schon in den Griff bekommen, aber es bedarf eines gewissen Aufwandes und einer gewissen Kenntnis. Ich darf ein wenig Eigenwerbung machen: Wenn Sie Hilfe brauchen, wenden Sie sich ruhig an mich.

Prof. Dr. Friedrich von Zezschwitz,
Hessischer Datenschutzbeauftragter:

Noch einmal vielen Dank. Nachher werden wir über Ihre überaus detailreichen und gleichwohl sehr anschaulichen Darlegungen im Einzelnen diskutieren.

Nun hören wir den Vortrag von Herrn Etrich, der uns praktische Beispiele vorführen wird, wie man in solche Netze eindringen kann. Das soll keine Anleitung für Sie sein, in fremde Netze einzudringen, sondern Beispiele für Sicherheitsmaßnahmen liefern, die man ergreifen kann, um Angriffe abzuwehren. – Herr Etrich hat das Wort.

Matthias Etrich,
Leiter ITC-Security T-Systems Nova GmbH, Darmstadt:

I. Demonstration von Sicherheitslücken in drahtlosen Netzen

Ich möchte dort beginnen, wo Frau Professor Dr. Eckert aufgehört hat, nämlich beim Thema War Driving. Sie hat sehr schöne Beispiele aufgezeigt. All dies möchte ich nun vertiefen und dabei den praktischen Anteil hervorheben (Folie 1, s. Anhang).

Stellen Sie sich bitte vor, ich würde mich mit meinem Gerät, mit meinem PDA, ins Auto setzen und einen bestimmten Weg abfahren. Als erstes würde ich eine Fabrik finden, die ihre Prozesssteuerungssysteme über Wireless LAN miteinander verbindet, weil eine Kabelverlegung viel zu aufwendig gewesen wäre. Ich fahre weiter und komme zu einem Krankenhaus. Dort gehen die Krankenschwestern in die Krankenzimmer, fragen die aktuelle Medikation mit ihren PC ab und versorgen die Patienten entsprechend. Ich fahre noch ein wenig weiter und finde ein Rathaus. Das ist denkmalgeschützt. Dementsprechend ist der Aufwand für eine Verkabelung recht hoch. Also setzt man Wireless Access Points ein. Oder ich fahre weiter zu einem modernen High-Tech-Unternehmen, das alle Mitarbeiter nur noch mit mobilen Arbeitsplätzen ausgestattet hat und auch Wireless LAN einsetzt.

Das hört sich einfach an. Nun möchte ich zeigen, dass es wirklich einfach ist. Ich werde ein Tool starten. Frau Professor Eckert sprach im Zusammenhang mit solchen Tools von Net-Stumblern bzw. Mini-Stumblern. Diese sind Tools für Windows. Ich verwende hier ein Tool für das Betriebssystem Linux. Ich starte nun das Tool. – Siehe da, ich habe schon den ersten Access Point gefunden. Dazu muss ich sagen: Wir haben hier im Raum tatsächlich welche aufgebaut; sonst würde ich keine finden. Dieser Access Point hat auch einen Namen, die SSID. Das ist CISCO APES 21, was auch immer dies heißen mag.

Ich habe einen zweiten Access Point gefunden. Dieser hat interessanterweise keinen Namen. Dieser Access Point besitzt schon bestimmte Sicherheitsfunktionen: Es wurde das Hiding der SID vorgenommen. Das hätte ich mit dem Netz-Stumbler nicht zeigen können. Deshalb habe ich das andere Tool verwendet.

Interessant ist nun gerade, wie ich in den Access Point, der keinen Namen hat, einsteigen kann, wie ich weitere Informationen erhalten kann. Frau Professor Eckert hat schon gesagt, dass wir mit diesem Tool viele Informationen erhalten, unter anderem auch den Funkkanal, über den der Access Point seine Statusinformationen ausstrahlt und auch mit den Clients kommuniziert. Diesen merken wir uns, denn wir brauchen ihn gleich, um herauszufinden, welche SSID dieser Access Point hat. Dazu beenden wir dieses Programm. Letztendlich besitzen wir nun die Information, die wir brauchen. Wir starten ein weiteres Tool, in diesem Fall ein Sniffer-Tool. Dieses habe ich so konfiguriert, dass es automatisch startet und haufenweise Pakete aufnimmt. Wir sehen uns einfach einmal ein Paket namens Beacon Frame genauer an. Das ist nämlich genau diese Statusinformation, die jeder Access Point ausstrahlt, und zwar ungefähr zehnmal pro Sekunde. Wir stellen fest, dass es einige Parameter gibt, so z. B. den SSID-Parameter. Man sieht, dass die Interpretation des Parameters nichts ergibt. Es ist also tatsächlich kein Inhalt darin. So gesehen könnte man davon ausgehen, dass wirklich nichts passiert, wenn der Access Point derart konfiguriert ist. Aber nun gibt es vom Protokoll her eine Variante. Denn irgendwie muss ich ja mit dem Access Point kommunizieren. Von der Protokolldefinition her werden diese Informationen immer im Klartext übertragen.

So bitte ich jetzt einen meiner Mitarbeiter, sich noch einmal neu in diesem Netz anzumelden, sobald ich hier gestartet habe. Er meldet sich neu bei dem Netz an, und dann wird der Access Point seine Informationen mit diesem neuen Client im Netz austauschen. Wir werden feststellen, dass es auch Pakete gibt, in denen die SSID enthalten ist. Ich lasse das ein wenig weiterlaufen, weil mein Kollege noch mehr Daten erzeugen möchte, die wir dann zeigen werden.

Filtern wir nun einmal auf diese eine Funktion. Sie nennt sich Probe Request. Ich habe das schon vorbereitet, damit wir nicht zu viel Zeit verlieren, wenn wir die Daten von Hand eintippen. Wir sehen: Es werden mehrere Probe Responses geschickt. Ich schaue einfach einmal hinein, und siehe da: Hier haben wir schon gleich diesen SSID-Parameter mit der Interpretation ELSA. Das ist auch tatsächlich das Passwort dieses Access Points. Wenn ich jetzt dieses Passwort in meine Access-Point-Karte eingebe, habe ich trotzdem ungehinderten Zugriff auf dieses Wireless LAN, ohne das Passwort vorher gewusst haben zu müssen. Es ist also relativ einfach.

Schauen wir, ob wir vielleicht noch ein paar Daten mehr finden. Ich schaue auf das Protokoll Telnet. Das ist insofern ein sehr beliebtes Protokoll, als alle Daten im Klartext übertragen werden. Wir wollen einmal sehen, ob wir hier eine Anmeldung finden. – Folgendes habe ich gemacht: Ich habe einfach ein Paket herausgenommen, habe das Programm alleine ermitteln lassen, wie die davor und die danach kommenden Pakete zusammengehören, und habe das zu einer besser lesbaren Form zusammenbauen lassen, die jetzt dargestellt ist. Es sieht zwar noch nicht schön aus, aber immerhin sehen wir z. B. hier ein Login. Wir erkennen, dass der User-Name Kreuzer ist. – Ich kann bezeugen: Mein Mitarbeiter heißt wirklich Kreuzer. – Wir sehen beim Passwort: Secure O. Dieses Passwort hat er eingegeben. Mit diesen Informationen könnte ich mich jetzt z. B. in diesen Telnet-Server, den er angewählt hat, einwählen und als Angreifer wahrscheinlich die administrativen Aufgaben übernehmen. Aber ich bin sicher: Er hat noch ein paar Funktionen mehr durchgeführt. Schauen wir einmal, was wir noch finden.

Nehmen wir einmal einem http-Filter. Wir sehen, dass er z. B. auch Web-Verbindungen geöffnet hat. Um Ihnen diese Verbindungen zu zeigen und es etwas anschaulicher darzustellen, werde ich ein anderes Tool verwenden. Das erste Tool beenden wir dazu. Ich mache einen kurzen Reset auf meiner Karte, um einige Fehlerzustände auszuschließen. Nun starte ich ein Kommandofenster, starte einen handelsüblichen Web-Browser. Dieser Web-Browser ist jetzt mein Anzeigegerät. Nun starte ich mein Tool zum Mithören. Webspy nennt sich dieses Tool. Nun die IP-Adresse, die ich ja vorhin mitgelesen habe. – Ich mache hier nichts. Das geht vollautomatisch. – Sie sehen, wie dort gesurft wird. Wie von Geisterhand gesteuert, werden die Web-Seiten, die URL, die der Mitarbeiter eingibt, im Datenstrom abgefangen, auf meine eigenen Web-Browser umgeleitet und dort zur Anzeige gebracht.

Das ist eine sehr plastische Darstellung, mit welchen einfachen Methoden dies zu erreichen ist. Ich habe wirklich keine Tools verwendet, die nicht frei verfügbar sind. Es ist absolut einfach (Folie 2, s. Anhang).

Ich beende dies nun, denn ich möchte Ihnen noch einen weiteren Angriff zeigen, der für Sie ebenfalls sehr interessant sein wird, nämlich den großen Lauschangriff. Hierfür haben wir ein spezielles Szenario aufbereitet. Es gibt eine neue Technologie, die sich Voice over IP nennt. Mit dieser Technologie, die immer stärker im Kommen ist, kann ich Telefongespräche über Datenleitungen führen. Sie kann sehr viel Investitionskosten sparen, weil nur noch eine und keine doppelte Verkabelung benötigt wird. Hinzu kommt, dass man in modernen Unternehmen daran interessiert ist, dass die Mitarbeiter möglichst flexibel und mobil sind, mit ihrem Arbeitsplatz durch die Gegend laufen können, ad hoc in Projektgruppen arbeiten können usw. Also werden die Mitarbeiter so ausgestattet, dass sie über ihren Arbeitsplatz telefonieren können und gleichzeitig auch mobil an das Netz angeschlossen sind. Diese Verbindung haben wir aufgebaut, alles mit Standardtechnologien, mit einem Notebook dort oben, einem Headset und der von Microsoft standardmäßig mitgelieferten Voice-over-IP-Software. Auf der anderen Seite sitzt ein anderer Kollege, der angerufen wird. Was mache ich als Angreifer? Ich höre diesen Datenstrom mit.

Ich demonstriere Ihnen nun, dass ich diesen Datenstrom tatsächlich über Lautsprecher in Echtzeit ausgeben kann. – Es gibt eine kleine Zeitverzögerung, weil die Datenpakete sozusagen doppelt übertragen werden müssen. Trotz alledem ist es Echtzeit. Ich schneide nichts mit und gebe es dann wieder, sondern ich gebe es direkt aus. – Dazu muss ich die Technik ein wenig erweitern. Ich habe einen Lautsprecher mitgebracht, ein sehr antiquiertes Gerät, aber funktionsfähig. Ich werde ihn anschließen, und dann werde ich gleich mit dem Lauschangriff beginnen. Dazu wird wiederum ein Sniffer gestartet, der den Netzwerkverkehr mithört, und gleichzeitig auch ein Standard-Tool. In diesem Falle ist es eines der Firma Sun, ein Java-Tool, das die Daten über eine Netzwerkschnittstelle entgegennimmt und wiedergibt.

Guten Tag Herr Kreuzer (Mitarbeiter von Herrn Etrich), ich möchte mich mit Ihnen über die technischen Daten unseres neuen Produkts unterhalten, die wir nachher vorstellen werden.

Ich denke, zur Demonstration reicht dies schon aus. Ich habe wirklich nur Standardtechnologie hierzu verwendet.

Nun möchte ich noch an die letzten Worte von Frau Professor Eckert anknüpfen. Wir wollen ja nicht auf Wireless LAN verzichten. Dies ist eine ganz tolle Technik. Wir machen uns das Leben damit bequemer und einfacher. Was tun wir also, damit das, was ich Ihnen demonstriert habe, nicht passiert? Jeder von uns, der ein solches sehr kostengünstiges Netz – auch in seinem privaten Haushalt – einsetzen möchte, kann auf jeden Fall die eingebauten Schutzfunktionen aktivieren, auch wenn sie nicht besonders viel nützen. Man sollte sie trotzdem aktivieren, weil man damit anderen das Leben schwer macht. Wir haben gesehen: Der eine Access Point war so gut wie ungesichert; ihn habe ich sofort in meinem Tool gesehen. Bei dem anderen Access Point musste ich zunächst ein anderes Tool starten, um überhaupt an Informationen über diesen Access Point heranzukommen. Insofern ist es also ganz wichtig, eingebaute Schutzverfahren zu aktivieren, also die SSID auszublenden. Auch MAC-Adressen, praktisch die Hardware-Kennung eines jeden Systems, kann ich in diesem Access Points filtern. Ich kann dann zwar als Angreifer wieder spoofen. Aber trotzdem bitte aktivieren. Damit steigt das Sicherheitsniveau. Und bitte auch unbedingt die Verschlüsselung aktivieren, und zwar nicht die 40- oder 64-Bit-Verschlüsselung, sondern die hohe Verschlüsselung mit 104 bzw. 128 Bit. Das macht das Leben für die Hacker schon wieder ein wenig schwieriger.

Wichtig ist auch, dass Sie aus den Daten, die ein Access Point sendet, den Hersteller herausfinden können. Wenn Sie den Hersteller kennen, dann wissen Sie, welches Konfigurationstool hinter dem Access Point steht, und können, möglicherweise sogar über die Wireless-LAN-Schnittstelle, den Access Point als Angreifer konfigurieren. Der Access Point muss also stark abgesichert und am besten nicht über die Wireless-LAN-Schnittstelle, sondern nur von der Netzseite her erreichbar sein.

Ein weiterer ganz wichtiger Punkt ist die sorgfältige Planung. Das betrifft insbesondere größere Installationen, bei denen ich mit mehreren Access Points arbeite, weil ich z. B. größere Gebäude, ganze Firmenkomplexe damit versorgen möchte. Dabei ist es z. B. wichtig, dass ich die Abstrahlcharakteristik der Antennen berücksichtige. Eine Antenne strahlt normalerweise wie eine Kugel ab. Das tun zumindest die Antennen für die bei uns verwendeten Access Points. Wenn ich diese direkt an die Wand, typischerweise an die Außenwand, anschraube, dann geht die eine Hälfte der Strahlenwirkung zwangsläufig nach außen. Nehme ich aber Richtantennen, die nur den Raum versorgen, hat ein Angreifer von außen so gut wie keine Chancen bzw. geringe Chancen, überhaupt etwas zu empfangen. Für solche Dinge setzt man typischerweise Experten ein, die Wireless LAN in großem Stil umsetzen können.

Als nächster Schritt sind die zusätzlichen Schutzverfahren zu erwähnen. Diese sind ebenfalls sehr wichtig. Zum einen sind in diesem Zusammenhang die neuen Standards zu nennen, die Frau Professor Eckert schon erwähnte. Aber diese haben auch einen Nachteil, nicht nur, weil sie teilweise nur eine „Krücke" sind; sie erfordern zumeist auch zusätzliche Infrastruktur in meinem Netz. Ich muss Authentifizierungsserver aufbauen. Das macht man nicht einfach so. Ich möchte nicht sagen, dass es unser Allheilmittel ist, aber unseren bislang besten Schutz überhaupt, den man zumindest unbedingt dann einsetzen sollte, wenn man ein solches System professionell verwendet, stellen die Virtual Private Networks dar. Diese arbeiten in einer Form, dass eine echte Authentifizierung gegen einen zentralen Authentifizierungsserver stattfindet, nicht nur, dass sich Client und Access Point gegenseitig authentifizieren; denn dann kann ich Man-in-the-middle-attacks fahren.

Das Ganze besonders sicher machen und auf Angriffe reagieren kann ich, indem ich Einbruchserkennungswerkzeuge aufsetze. Speziell für Wireless LAN gibt es Einbruchserkennungswerkzeuge, die z. B. feststellen, wenn jemand draußen vor der Tür steht und mit seinem Net-Stumbler oder Mini-Stumbler die Probes aufnimmt. Oder wenn er aktiv in mein Netz irgendwelche Managementpakete setzt, die ich nicht sehen möchte, kann ich das mit solchen Tools auch unterbinden.

Ein letzter Punkt noch für all jene, die sich an einen Hotspot anbinden oder überhaupt an frei verfügbaren Access Points mit ihrem eigenen Client im Internet surfen: Installieren Sie sich eine Personal Firewall auf Ihrem Client, um eingehende Pakete abfangen zu können. Denn Ihr System ist quasi offen wie im Internet, von allen anderen Teilnehmern im Wireless LAN erreichbar.

Soweit meine kurze Demonstration. Fragen kann ich später noch beantworten.

Anhang
Folien Matthias Etrich

Access-Point Reconnaissance
„War-Driving"

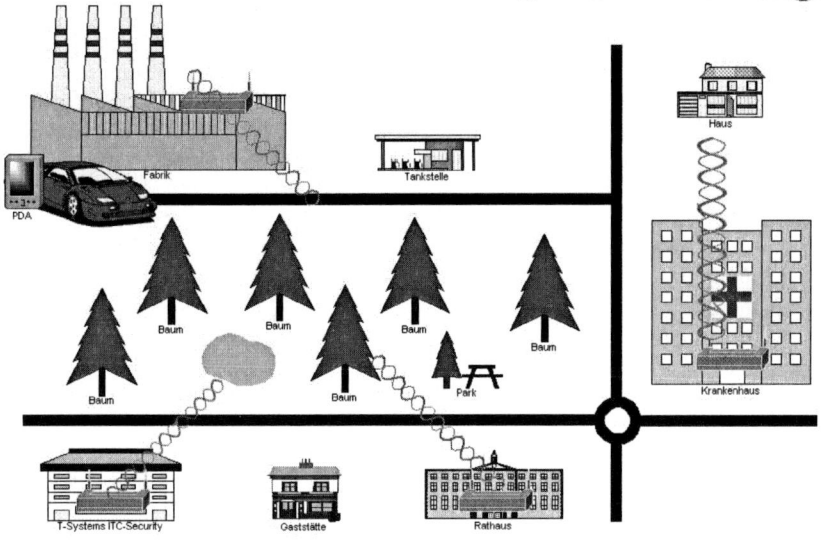

WLAN-Sniffing
„Der große Lauschangriff"

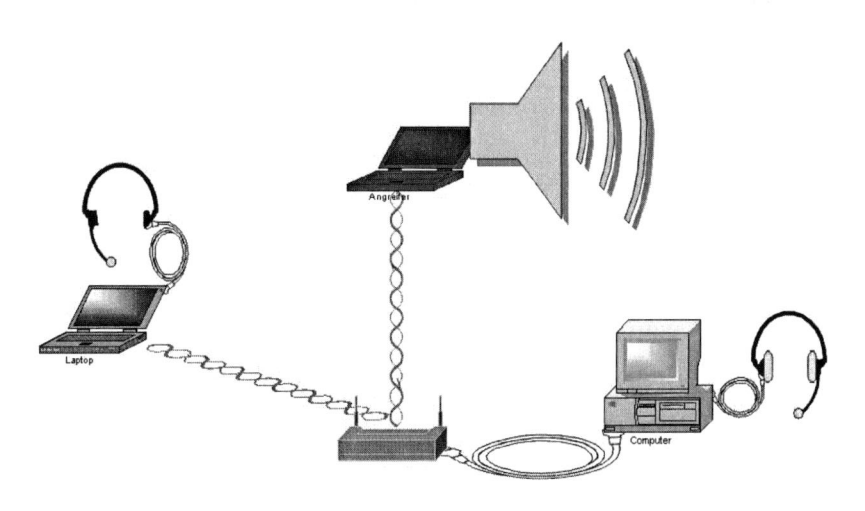

Prof. Dr. Friedrich von Zezschwitz,
Hessischer Datenschutzbeauftragter:

Vielen Dank für Ihre anschauliche und sehr professionelle Darstellung, Herr Etrich. Ich hoffe nicht, dass Sie Lehrmeister für die Anwesenden waren, um in beliebige Netze einzudringen. Ohne die von Ihnen vermittelten Kenntnisse der offenen Zonen sind Abwehrstrategien nicht zu erstellen. Es ist immer wieder frappierend, wie einfach Zugänge durch geeignete Tools über das Internet geschaffen werden können. Die Sicherheitskriterien, die erfüllt werden müssen, um Netze wirklich abzusichern, sind offensichtlich deutlich höher, als sie die Systeme selbst im Standardverfahren bereitstellen. Das zeigt Ihr Vortrag sehr deutlich. Vielen Dank.

Es folgt nun unmittelbar Herr Professor Rannenberg. Wir sind in der Zeit etwas weiter fortgeschritten, als ich ursprünglich dachte. Ich werde aber für die Diskussion auf jeden Fall eine Stunde zur Verfügung stellen.

Herr Rannenberg, Sie haben das Wort.

Prof. Dr. Kai Rannenberg,
Universität Frankfurt am Main:

Mobile Anwendungen und mehrseitige Sicherheit

Vielen Dank, Herr von Zezschwitz, auch dafür, dass Sie nicht von mir verlangen, meinen Vortrag in zehn Minuten durchzubringen.

Meine Damen und Herren, Sie haben heute schon sehr viele spannende Dinge gesehen und gehört, was die Sicherheit und Unsicherheit dieser Netze angeht. Eines ist bislang noch nicht näher beleuchtet worden, nämlich die Frage: Wo werden diese Dinge eigentlich im Geschäftsleben eingesetzt? Hierauf werde ich ganz kurz eingehen, weil Herr von Zezschwitz dies angesprochen hat.

Auf einen weiteren Aspekt möchte ich ausführlicher eingehen. Wir haben uns bislang vor allem damit beschäftigt, dass es kleine Geräte sind und dass sie drahtlos sind. Wir reden aber auch von mobiler Kommunikation und davon, dass wir unterwegs sind. Insoweit gibt es einen weiteren Aspekt, den diese mobilen netze mit sich bringen: die ortsbasierten Dienste, mit deren Hilfe wir relativ genau orten können. Wir werden uns ein wenig genauer anschauen, was es mit diesen ortsbasierten Diensten auf sich hat, was man damit anstellen kann und welche Datenschutz- und Sicherheitsfragestellungen diese aufwerfen.

Wir werden feststellen, dass immer mehrere Parteien beteiligt sind. Insoweit ist auch die mehrseitige Sicherheit wichtig, um die ich mich ebenfalls kümmern werde.

Damit wir nicht nur bei den Problemen stehen bleiben, will ich schließlich, bevor ich zu einem Fazit und einem Ausblick komme, noch aufzeigen, inwieweit in diesen Netzen Lösungen möglich sind, auch wenn sie nicht immer alle perfekt sind, wie man aber diese Netze an einigen Stellen so zusammenstricken kann, dass das eine oder andere auch funktioniert.

Kurz einige Worte dazu, wo wir herkommen. Wir sind in Frankfurt kein reiner Sicherheitslehrstuhl. Wir gehören zur Wirtschaftsinformatik. Auf der einen Seite geht es darum, Anwendungen zu finden und zu fragen, wofür Mobilkommunikation eigentlich nützlich ist. Auf der anderen Seite geht das – das haben wir gesehen – nicht ohne ein adäquates Maß an Datenschutz und Sicherheit. Diese Kombination hält uns beschäftigt. Der Lehrstuhl hat eine ganze Menge Infrastruktur, und zwar Dank der Firma T-Mobile, die ihn als Stiftungsprofessur maßgeblich befördert hat.

Fangen wir mit den ortsbasierten Diensten und einem kleinen Blick auf den Markt an. Ich weiß nicht, ob Sie das Bild auf dieser Folie schon einmal gesehen haben.

Child Watch

Location Map

Map retrieved successfully

Location Information for Timothy

LOCATE #1
Date: 11/02/01
Time: 10:35:47 AM PST
Street Address Determined:
4520 Main Street
San Francisco, CA 95391
Latitude: 37.5378° North
Longitude: 122.2585° West
Altitude: 25.8 Feet

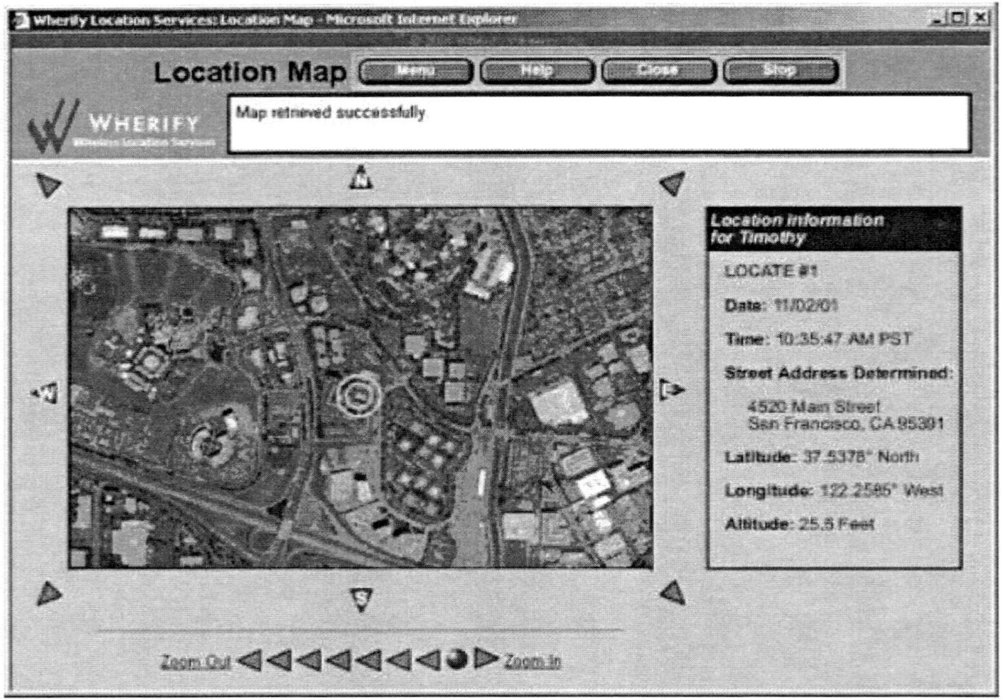

Sie können es sich im Internet anschauen und in Amerika können Sie es, bzw. das Recht, es anzusehen, auch bereits kaufen. Das ist „Child Watch". Die Firma WHERIFY bietet Ihnen eine Luftaufnahme des Ortes an, an dem sich Ihr Kind gerade befindet, wenn Sie Ihrem Kind folgende Technik kaufen: Das Kind hat eine GSM/GPS-Datenverbindung. Es trägt ein Gerät, einer Armbanduhr ähnlich, am Arm. Die GSM-Technik hat Claudia Eckert heute schon vorgestellt. Die GPS-Technik macht es möglich, sich selber oder jemanden anderen zu orten. Ich habe heute Vormittag noch einmal mobil den Preis nachgeschaut. Er ist gerade von 399 US$ auf 199 US$ gefallen. Diese Technik ist also durchaus erschwinglich und vermutlich billiger als ein IMSI-Catcher. Sie müssen momentan noch ein bisschen für das Geschäftsmodell bezahlen, das dahinter steht. Dieses Geschäftsmodell heißt faszinierenderweise „Liberty". Vier dieser Ortungen, von den Eltern vorgenommen, sind im Preis enthalten. Jede weitere Ortung kostet 95 Cent. Wenn Sie das Ganze in größerem Umfang betreiben wollen, gibt es auch das Familienpack. Das heißt dann „Independence". Und die große Haushaltspackung heißt „Freedom".

Ich habe auch gelacht, als ich das das erste Mal gesehen habe. Aber man muss das natürlich vor dem Hintergrund einer gewissen gesellschaftlichen Situation sehen. Ich weiß nicht, ob Sie einmal versucht haben, in bestimmten Gegenden Amerikas ein Kind zur Schule zu bringen. Wenn die Gegend eine „bad neighbourhood" ist, mag man das Kind möglicherweise nicht alleine in die Schule radeln lassen. Also wird das Kind jeden Morgen von Mama oder Papa zur Schule gefahren. Unter solchen Umständen kann so etwas tatsächlich ein Stück mehr „freedom" sein als vorher. Umgekehrt ist Ihnen allen inzwischen klar geworden: Wenn eine solche Ortung durch die Eltern durchgeführt wird, dann ist sie aufgrund der unsicheren Internettechnik, von der wir heute bereits gehört haben, möglicherweise auch von anderen durchzuführen.

Eine andere mobile Anwendung, ebenfalls aus den USA, finden Sie auf dieser Folie.

mobile Acommerce
Mobile Anwendungen ...

Verkehrskontrolle ?

- Autovermieter ACME rüstet Fahrzeuge mit GPS & GSM aus.
- $150 Vertragsstrafe bei Geschwindigkeitsübertretung.
- Modell für die staatliche Verkehrskontrolle?
- Kommerzielle Verwertung der Spuren?

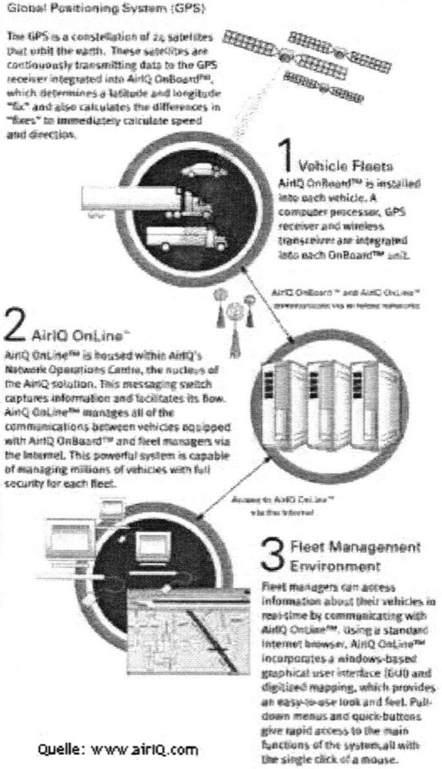

Quelle: www.airiQ.com

Sie haben sicherlich schon einmal einen Wagen gemietet. Sie sind bestimmt nicht zu schnell gefahren und haben deswegen auch keinen Strafzettel bekommen. Es gibt aber Leute, denen das passiert. Manche Leute meinen dann: „Den Strafzettel lasse ich die Mietwagenfirma bezahlen; damit habe ich nichts zu tun; wenn der Strafzettel bei der Firma ankommt, bin ich längst weg". Was macht nun der Autovermieter ACME? Diese Firma will künftig schärfer durchgreifen. Bei jeder von ihr gemessenen Geschwindigkeitsübertretung, sei es mit der Telemetrie im Auto, sei es über die vorhandenen Lokalisierungsdaten, werden sofort 150 US$ Vertragsstrafe abgebucht. Das ist mobile Datenverarbeitung live, die dann auch kommerziell eingesetzt wird. Dort sagt eben ein Autovermieter: „Wir sehen es nicht ein, dass unsere Preise wegen einiger rücksichtsloser Autofahrer immer höher werden." Ich argumentiere jetzt einmal aus dieser Position heraus. Ich könnte natürlich auch aus der Sicht des Daten- und Verbraucherschutzes argumentieren, die mir vermutlich sympathischer ist, und sagen: „Das ist aber eine Unverschämtheit! Hoffentlich bekommen wir das Ganze nicht nach Deutschland". – Anyway. Das Ganze hat zwei Seiten. Das sehen Sie schon. – Darum dies nur als Einstieg und als Hinweis, auf welche Probleme Sie immer wieder stoßen, wenn Sie die eine oder andere Anwendung anschauen.

Ein anderes Beispiel zum mobilen Arbeiten. Ich habe gerade noch einmal nachgeschaut. Dies ist ein schöner, kleiner MDA, wie er bei T-Mobile heißt. Mit ihm kann ich im Internet surfen, ohne dass das auffällt. Ich habe das dort oben auf der Bank ab und zu einmal ganz heimlich getan und die neuesten Nachrichten abgefragt. Dabei habe ich erfahren, dass die schwedische Außenministerin, die von einem Angreifer schwer verletzt worden war, inzwischen tot ist. Das ist wirklich traurig. – Glaube ich eigentlich, was da steht? Ich habe auf der Web-Seite der Tagesschau nachgeschaut. Ich glaube das im Moment, weil es schon relativ kompliziert ist, die Web-Seite der Tagesschau zu fälschen.

Ein anderes Anwendungsbeispiel. Damit kommen wir zur Frankfurter Bankenwelt und zu Fragestellungen, die meine Mitarbeiter bearbeiten. Es gibt Leute, die sich die Börsenkurse der Aktien, die sie interessieren, per SMS zusenden lassen, wenn diese Kurse über oder unter eine bestimmte Größe steigen bzw. fallen. Dann versuchen sie unter Umständen, noch ganz schnell zu verkaufen. Wie sicher bzw. unsicher der SMS-Dienst ist, hat Ihnen Claudia Eckert schon gezeigt. Stellen Sie sich vor, Sie erhalten die Nachricht, dass Ihre Lieblingsaktie gerade um zehn Dollar gefallen ist, und Sie laufen los, um zu verkaufen.

Oder stellen Sie sich vor, Sie erhalten eine Ad-hoc-Nachricht. - Diejenigen, die sich mit Aktien auskennen, wissen, was das ist. – Da muss der Vorstand eine bestimmte Nachricht verkünden, z. B. einen Gewinneinbruch, und dann wollen Sie natürlich mit dem Verkaufen schneller als alle anderen sein. Glauben Sie dieser Ad-hoc-Nachricht, die über SMS kommt? Glauben Sie, dass es sich um einen Verlust bzw. einen Gewinn handelt? Oder hat das vielleicht jemand umgedreht? Daran sieht man, wo es sich praktisch und auch finanziell durchaus auswirken kann, wenn die Technik nicht besonders sicher ist.

Kommen wir noch einmal zu dem zurück, was ortsbasierte Dienste eigentlich darstellen. Auf Englisch werden sie gerne Location Based Services genannt. Im Prinzip geht es bei einem Local Based Service darum, Positionsinformationen als Grundlage für eine mobile Datenanwendung zu erheben. Das ist oftmals schon durch die Infrastruktur mithilfe des Handys oder der GSM-Infrastruktur, die Sie alle benutzen, möglich. Bei allen von Ihnen, die ein Handy in der Tasche haben, wird es vermutlich möglich sein. Ihr Handy wird ein GSM-Handy sein, von T-Mobil oder Vodavone vielleicht. Die Infrastruktur ist durchaus imstande, Ihr Handy zu orten. Sonst würde nämlich der Anruf gar nicht zur richtigen Base-Station durchkommen und würde Sie gar nicht erreichen.

Was könnte man mit solchen lokationsbasierten Diensten machen? – Jetzt kommen wir langsam zu den Beispielen zurück und zu der Frage, warum diese Beispiele für manche Leute gar nicht aus der Luft gegriffen sind.– Sie wollen irgendeinen nützlichen Dienst erbringen, z. B. im Bereich des E-Government, und eben auch Geld verdienen. Hierfür benötigt man irgendeine technische Grundlage. Darüber haben wir schon eine ganze Menge gehört. Man braucht außerdem eine Anwendung, ein Geschäftsmodell. Dahinter kann sich auch die Absicht verbergen, Kosten zu sparen. Man muss sich natürlich um Geschäftsbeziehungen, um Gesetze und Zuständigkeiten kümmern. Um die Gesetze kümmern wir uns heute Nachmittag.

Infrastrukturen für Location Based Services sind meist Varianten dieser Infrastruktur.

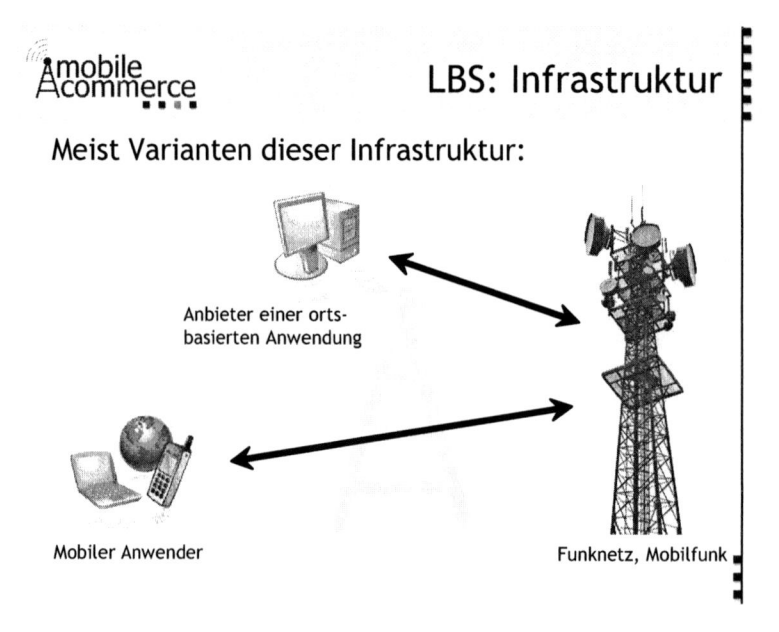

LBS: Infrastruktur

Meist Varianten dieser Infrastruktur:

Anbieter einer ortsbasierten Anwendung

Mobiler Anwender

Funknetz, Mobilfunk

Das Funknetz haben Sie mit seinen technischen Details bei Claudia Eckert schon gesehen. Zu nennen sind auch der mobile Anwender mit einem Handy oder einem Laptop und der Anbieter dieser ortsbasierten Anwendung. Das muss keinesfalls Ihr Netzanbieter sein; das kann auch eine dritte Partei sein. Das sollte man sich klarmachen, wenn man über Zuständigkeiten redet.

Zugleich haben wir es mit jeder Menge interessanter Vertragsbeziehungen zu tun: Es gibt das Funknetz mit dem Mobilfunk, den mobilen Anwender, der unterwegs ist, und diese dritte Partei. Offensichtlich geht es also um das, was man aus der Mobilkommunikation ohnehin kennt: um Identifikation, Lokalisierung und Bezahlung. Das findet auch hier statt. Denn dieser Anbieter möchte z. B. von T-Mobile die Information haben, wo sich ein Kunde gerade befindet. Dann könnte er ihm nämlich eine Nachricht senden und sagen: Sie befinden sich gerade in der Nähe des Hessischen Landtages, dieser hat eine neue Broschüre herausgebracht; vielleicht möchten Sie diese Broschüre haben.

Wenn Ihnen das Beispiel nicht einleuchtet, dann übertragen Sie es einmal auf McDonald's. Diese Firma ist in dem Bereich durchaus interessiert nach dem Motto: Wir haben ein Hamburger-Sonderangebot, und das möchten wir Ihnen überbringen. Es kann aber auch ein Anbieter sein, der Ihnen, wenn Sie in Wiesbaden neu sind, hilft, Geldautomaten zu finden, oder der Ihnen den Weg durch die Stadt zeigt. Auch hierbei gibt es unter Umständen einen Servicevertrag mit Diensterbringung und Bezahlung, wobei dies auch eine Frage der jeweiligen Geschäftsmodelle der Mobilfunkbetreiber ist.

Ein Beispiel zur Lokalisierung, wie Sie Ihnen von T-Mobile angeboten wird. T-Mobile hat gesagt: Was die Lokalisierung angeht, wollen wir das Gesicht zum Kunden sein. Wir wollen keine dritte Partei hereinholen; dann wissen wir auch besser, wer die Daten benutzt. Wir wollen die Vertrauensbeziehung zwischen uns und unseren Kunden nicht beliebig aufs Spiel setzen.

Beim Beispiel WHERIFY, das ich Ihnen vorhin gezeigt habe, tritt ein Dritter in den Markt ein, der eigentlich nicht Kommunikationsbetreiber ist. Je nachdem, wie die Geschäftsmodelle der Mobilkommunikationsbetreiber aussehen, mögen sie solche dritten Parteien oder eben nicht. Die Geldautomatensuche bekommen Sie z. B. bei T-Mobile intern, die Routenplanung ebenfalls. Das Orten von Kindern mit Handy ist mir als Markt in Deutschland nicht bekannt.

Dies alles finden Sie kommerziell auf dem Markt dieser ortsbasierten Dienste. Dann gibt es auch Dinge, die nicht nur kommerziell daherkommen, sondern beispielsweise von Regierungen oder staatlichen Einrichtungen angeboten werden, die denken, so mehr zu erreichen. Ich meine den Bereich Katastrophenschutz und Notrufe. Hierzu gibt es in den USA und in Europa Vorschriften. Diese Vorschriften sagen: Künftig sollte eigentlich bei Notrufen aus dem Mobilfunknetz eine Ortsübermittlung stattfinden. Das Szenario, warum dies sinnvoll ist, ist Ihnen vermutlich relativ klar: Jemand ist in einen Unfall verwickelt und kann mit letzter Kraft gerade noch die Notrufzentrale anrufen, es reicht aber nicht mehr, um zu beschreiben, an welcher Ecke, an welchem Autobahnkreuz, nach welcher Auffahrt, unter welcher Brücke er sich gerade befindet. Es wäre für die Notrufzentrale durchaus attraktiv, diesen Notruf zu orten. Entsprechend gibt es Vorhaben in den USA. Interessanterweise heißt das E 911 und ist schon im Jahre 1999 aufgesetzt worden. (911 ist in den USA die Notrufnummer, also das, was bei uns die 112 ist).

Es gibt dieses Gesetz schon länger, und im Prinzip ist seit dem 1. April 2003 vorgeschrieben, dass 100 % der Nutzergeräte des Netzgebietes Ortsinformationen liefern müssen. Allerdings ist dies nicht so heiß gegessen worden, wie es seinerzeit angerührt und gekocht worden ist. Ursprüngliche Intention war es, dass Sie in den USA nur noch dann ein Handy verkaufen und eine Netzinfrastruktur aufbauen dürfen, wenn diese in einer solchen Situation auch eine Ortsinformation liefern können. Es ist zwar gegenwärtig noch nicht so weit, aber der politische Wille, so etwas zu haben, ist durchaus vorhanden.

Warum erzähle ich das? Wir haben gerade die Diskussion um die Ortung geführt nach dem Motto: Was ist eigentlich möglich? Hier wird ausdrücklich, aus besten Intentionen heraus und für den Notfall, eine Infrastruktur geschaffen, die all diese Ortsinformationen ausgesprochen präzise übermitteln kann. Man ist also bei einem späteren Management dieser Infrastruktur darauf angewiesen, dass von den Betreibern sichergestellt wird, dass eine Information nur an Berechtigte geht.

Ähnliche Überlegungen werden in Europa für den Notruf 112 angestellt. Diese finden Sie auch in EU-Regulierungsvorhaben. Ich will Ihnen das nicht in allen Einzelheiten vorlesen. Ob die Regulierung, die zu diesem Thema bis 2003 erwartet worden ist, in diesem Jahr wirklich noch kommt, bleibt abzuwarten. Aber es gibt eine Menge Vorläuferprojekte, LOCUS und CGALIS beispielsweise.

Auch hier will man also so etwas haben, wobei man sich in Europa über den Datenschutz ein wenig mehr Gedanken gemacht hat als in den USA. Zumindest will man zwischen Verkehrs- und Ortsinformation unterscheiden und will so etwas wie eine explizite Einwilligung und ein Widerrufsrecht der Nutzer bei kommerziellen Ortungsanwendungen vorsehen.

Warum das interessant und warum das spannend ist? Es ist zunächst einmal der Standarddatenschutzansatz zu sagen: Wir machen das nur mit Einwilligung des Kunden. Das finde ich gut. Dagegen ist nichts zu sagen. Das Problem taucht bei solchen Ortungen in dem Moment auf, wo Sie mobil unterwegs sind, und zwar nicht nur gehen, sondern fahren. Sie werden natürlich alle Nase lang neu geortet. Für jede neue Ortung können Sie dann, während Sie Auto fahren, neu sagen: Ich bin jetzt bereit, geortet zu werden. Das sollten Sie aber nicht tun, wenn Sie mit 150 km/h auf der Autobahn fahren. Sonst fahren Sie womöglich nicht mehr lange über die Autobahn. Was man also braucht – diese Infrastrukturen sind noch nicht vorhanden, sondern erst im Entstehen begriffen – sind Einwilligungsmöglichkeiten für Nutzer, bei denen man sagen kann: Wenn ein Netzbetreiber meines Vertrauens – wir glauben zunächst einmal, dass zwischen dem Netzbetreiber meines Vertrauens und mir selbst eine Verbindung aufgebaut werden kann - versucht, mich wegen eines bestimmten Dienstes zu orten, dann soll er das automatisch immer machen. Wenn aber irgendein anderer des Weges kommt, um mich zu orten, dann lieber nicht oder dann soll eine rote Lampe auf dem Armaturenbrett angehen, und das genehmige ich dann vielleicht, wenn ich auf den Rastplatz gefahren bin.

Sie sehen also: Das Auto wird ausgesprochen komplex, es wird zur Kommandozentrale nicht nur für Gas oder Bremse, sondern auch für die Verwaltung meiner Privacy. In dieser Hinsicht haben wir noch eine Menge zu tun.

Im übrigen ist das auch ein spannendes regulierungstechnisches Thema. Denn es gibt ja verschiedene Netzbetreiber, und wegen der Notrufmöglichkeit müssen diese nun auf einmal möglichst kompatible Daten abliefern. Vielleicht wollen wir ein EU-weites Roaming darüber haben. Da wird, was die Anforderungen angeht, also noch einiges auf uns zukommen.

Dieses Beispiel hänge ich aus folgendem Grund so hoch. Man könnte sagen: Wir brauchen ortsbasierte Informationen gar nicht; dahinter stecken nur irgendwelche Leute, die versuchen, Geld zu verdienen; das lassen wir einfach sein; das verbieten wir, und damit haben wir einen sauberen Datenschutz. Möglicherweise wird aber von Leuten, die es sehr gut meinen, mit dem Szenario des brennenden Autos argumentiert. Denken wir auch an die Dresdener Flut, denken wir an den Katastrophenschutz. Wie erreiche ich den Bürger in einer Katastrophensituation? Wie finde ich ihn, wenn er bewusstlos ist und die Flut ist ihm im Auto schon bis zu den Knien gestiegen?

Beim Katastrophenschutz gerät man in einen echten Zwiespalt. Darum ist dies auch ein Dissertationsthema eines meiner Mitarbeiter. Wir haben beim Katastrophenschutz typischerweise das Problem, wie ich in einer Katastrophensituation einen Bürger finde. Das macht man heute mit Patrouillen und Polizeistreifen. Sie erinnern sich an die Flut in Dresden. Dort war es gar nicht so einfach, die entsprechenden Polizeistreifen an die richtigen Stellen zu bekommen. Man könnte natürlich den Menschen im Katastrophenfall auch über das Mobilfunknetz orten. Es gibt auch Versuche dazu und sogar Beispiele bei T-Mobile, wie man Feuerwehrleuten, die sich in einem Waldbrandgebiet befinden, eine SMS schickt, sich diese bestätigen lässt und gleichzeitig den Feuerwehrmann ortet. Dabei kann festgestellt werden, ob er noch dort unterwegs ist, wo er sinnvoll seine Arbeit machen kann. Wenn er sich in einer Gegend aufhält, in der es eigentlich nur noch Feuer gibt, dann sollte man vielleicht schnell einen Löschhubschrauber hinschicken.

Noch ein Beispiel mit Wasser: Stellen Sie sich vor, Sie sind von Wasser umgeben und möchten gerettet werden. Dann ist Ihnen der Datenschutz unter Umständen egal, denn Sie wollen lieber nicht ertrinken. Heißt das nun aber in der Konsequenz, dass Sie, wenn Sie mobil unterwegs sind, dauernd geortet werden wollen, nur weil Sie irgendwann einmal von der Flut überspült werden könnten? Das ist vielleicht auch nicht der Fall. Zwischen diesen beiden Möglichkeiten gibt es eine Menge Probleme.

Noch ein anderes Thema. Ich habe Ihnen ein Bild mitgebracht, auf dem ein Ölfilm zu sehen ist. Stellen wir uns nun einmal Katastrophenschutz in Aktivität mehrerer Parteien vor. Es gibt ja nicht nur Familienangehörige, die überflutet werden, sondern es gibt möglicherweise Gefahrgüter, die irgendwo lagern, und es gibt möglicherweise einen Geschäftsführer einer Firma, der auf einem Gelände etwas gelagert hat. Sie haben es vermutlich mitbekommen: In Dresden hat es mit der Koordination zwischen Rettungskräften und Gefahrgutfirmen nicht immer gut funktioniert. Ich kenne ein Beispiel aus der Informatik der TU. Dort haben Leute, um ihre Rechner zu schützen – das kennt man ja – beliebige Aufkleber an die Tür geklebt, unter anderem auch den Aufkleber „Hazardous Materials". Jeder, der schon einmal für eine Gruppe von Leuten Rechner administriert hat, weiß, dass man so etwas manchmal tut, um einfach Ruhe zu haben. Dann kam die Flut, die Leute haben ihre Rechner herausgeräumt, ein paar davon jedenfalls, und haben sich um die Tür nicht mehr gekümmert. Die Feuerwehr kam, hat diesen Aufkleber auf der Tür gesehen und gesagt: In diesen Raum gehen wir nicht; wir fragen erst einmal nach, was genau in diesem Raum gelagert wird; die entsprechende Sonderausrüstung haben wir sowieso nicht da. – Der Keller ist voll gelaufen. Er ist nicht vorher leer gepumpt worden. Entsprechend war die Sanierung anschließend ein wenig teurer.

Nun kann man sagen: Die Strafe ist nur gerecht. Aber man kann auch sagen: Es müsste Kommunikation zwischen den Beteiligten aufgenommen werden; hierzu wollen wir die ortsbasierten Dienste einsetzen. Dann sehen Sie mit einem Mal: Es muss jede Menge Kommunikation stattfinden, auch jede Menge Kommunikation, bei der die Ortsinformationen von Leuten abgefragt werden. Der Geschäftsführer fragt: Wo auf dem Firmengelände stehen Sie gerade? Neben dem blauen See oder neben dem roten See? Die blaue Flüssigkeit können Sie einfach irgendwo hinlaufen lassen, bei der roten seien Sie besser vorsichtiger.

Was wollen Bürger? Dies ist auch ein Szenario. Sie wollen natürlich gewarnt werden, wenn die Flut oder das Feuer zu ihnen kommt. Sie wollen aber möglicherweise auch, weil sie gerade hier in Wiesbaden auf Geschäftsreise sind und ihre Familie, ihre Kinder sich in Köln aufhalten, gewarnt werden, wenn es ihre Kinder erwischen könnte, bzw. sie wollen die Kinder oder aber eine pflegebedürftige Großmutter selbst warnen. Damit kommt man in die Situation zu fragen: Wessen Ortsdaten gibt man eigentlich wem? Erhält der schutzbereite Familienvater oder die schutzbereite Familienmutter alle Informationen über sämtliche eventuell hilfebedürftigen Verwandten bis hin zum 17-jährigen Teenager, der vielleicht nicht immer sagen will, ob er zur Schule gegangen ist oder ins Café nebenan?

Sie sehen also: Wir erhalten eine ganze Menge Konflikte, und wir haben ein komplexes Problem. Darum ist das auch eine Dissertation, unter Umständen mehrere Dissertationen wert.

In Zukunft wird es um die Anforderungen an die Technik und auch um EU-Projekte gehen. Es gibt im Übrigen auch EU-Projekte, an denen wir beteiligt sind. Dabei ist zu fragen: Wie gelingt es mir, Zugriffsrechte auf Ortsinformationen ordentlich zu gewähren und gegebenenfalls auch zu entziehen?

Nun gibt es diese Probleme, jedenfalls von der Struktur her, Gott sei Dank nicht erst seit gestern. Darum erzähle ich Ihnen jetzt noch ein wenig über das, was wir Mehrseitige Sicherheit nennen.

Bei allen diesen Netzen wird es immer verschiedene Parteien mit verschiedenen Interessen geben. In einem GSM-Netz beispielsweise gibt es Netzwerkbetreiber, etwa die T-Mobile. Es gibt Serviceprovider. Das sind Dienstanbieter wie beispielsweise die Debitel, die kein eigenes Netz betreibt, die aber Dienste an die Kunden verkauft und sich die Dienste natürlich vorher beim Netzwerkbetreiber einkauft. Und es gibt Subscriber. Das sind wir alle als Kunden. Die Hoffnung der GSM-Branche ist es, dass es hoffentlich mehr Kunden gibt als Betreiber und Operateure. Sonst gibt es ein Problem mit dem Geschäftsmodell. Auf jeden Fall gibt es zwischen diesen Gruppen alle möglichen verschiedenen Interessen, und die gab es schon, bevor die Entwicklung in Richtung ortsbasierter Dienste begann. So möchte z. B. der Subscriber nicht unbedingt mehr an den Netzwerkbetreiber zahlen, als er wirklich vertelefoniert hat. Umgekehrt unterhalten Netzwerkbetreiber große Organisationseinrichtungen, um Betrug zu vermeiden. Das kennen wir zum Teil schon aus dem Datenschutz zwischen Bürgern und Behörden, zwischen gespeicherten und speichernden Stellen. Nur, künftig wird es noch ein wenig komplizierter. Es gibt nämlich außerdem noch als dritte Partei die Contentprovider. Ein solcher Contentprovider könnte auf der Grundlage ortsbasierter Dienste anbieten, Ihnen den Weg zur Tankstelle oder zur Apotheke zu zeigen, wofür er dann selbst noch einmal Geld haben möchte. Mit diesem Contentprovider müssen Sie also irgendwie über Geld verhandeln und gegebenenfalls auch noch über Daten.

Damit befinden Sie sich in einer Situation, in der viele verschiedene Parteien und deren Interessen eine Rolle spielen. Sie müssen Technik so bauen, dass diese Konflikte berücksichtigt werden, dass auch die Interessen der Beteiligten respektiert werden. Das ist nicht einfach. Außerdem müssen Sie die Souveränität der Beteiligten respektieren. Wir erinnern uns an so etwas wie das informationelle Selbstbestimmungsrecht, und das alles in einem Zwiespalt, sodass man manchmal vielleicht sagt: Mir ist die Souveränität gar nicht hundertprozentig wichtig; ich will einfach nicht ertrinken. Aber eine große Herausforderung ist es an dieser Stelle auf jeden Fall zu sagen: Wir wollen die Technik so bauen, dass sie Souveränität unterstützt.

Was damit gemeint ist, sieht man am einfachsten an einem Gegenbeispiel. Wenn ich heute mit meiner Magnetstreifenkarte zu einem Geldautomaten gehe, dann habe ich die Bankkarte von einer Bank bekommen, der Bankautomat ist vielleicht von der gleichen Bank, vielleicht von einer anderen. Ich schiebe die Karte hinein und hoffe, dass aus dem Geldautomaten genau die Summe Geldes herauskommt, die mir hinterher abgebucht wird, bzw. dass zumindest nicht mehr Geld abgebucht wird, als aus dem Automaten herauskommt. Technisch nachvollziehen kann ich das kaum. – Ich persönlich kann es vielleicht gerade noch; aber diejenigen, mit denen ich darüber rede, wundern sich zumeist, was dabei passiert. – Ich hoffe eben, dass der Verbraucherschutz und die rechtlichen Rahmenbedingungen einigermaßen so sind, dass das passt. Aber die Technik, die dort verwendet wird, unterstützt mich eigentlich gar nicht. Das ist bei ortsbasierten Diensten vielleicht ein wenig anspruchsvoller.

Dass wir so etwas auch sonst haben und dass wir uns künftig auf Verhandlungen einlassen müssen – beispielsweise auf die Frage, unter welchen Umständen mich jetzt jemand orten darf – ist auf der einen Seite ein neues Problem und auf der anderen Seite eines, das in ein paar Forschungsprojekten schon aufgetaucht ist, aus denen wir in der Anwendung künftig vielleicht etwas lernen können. So gab es z. B. ein Projekt unter dem Titel „Erreichbarkeitsmanagement", das die ältere Datenschutzfrage der Rufnummernübermittlung bearbeitet hat. Sie werden sich an die Diskussion darüber erinnern, ob Rufnummern in beliebige Umgebungen übermittelt werden sollten. Es stellt ja auch ein Datenschutzproblem dar, wenn ich jemanden anrufe, und auf dessen Telefon kommt meine Rufnummer zum Vorschein. Ich weiß dann nicht, wer alles diese Rufnummer sieht.

Man kann auch ein wenig genauer in die Anwendung schauen und fragen, warum die Rufnummernübermittlung ein Problem darstellt. Im Grunde soll sie dagegen helfen, dass mich Mobilkommunikationsanrufe in der falschen Situation erreichen und überraschen und dass ich es dann mit Leuten zu tun habe, mit denen ich gar nicht telefonieren wollte. Daher kann man versuchen, eine Art mobiles Sekretariat einzurichten, das Anrufe herausfiltert, bei dem ich wie bei einem guten herkömmlichen Sekretariat sage: Bestimmte Anrufe von bestimmten Leuten sind wichtig; wenn Leute mit einem bestimmten Thema ankommen, ist das wichtig, auch wenn ich sie gar nicht näher kenne. Wenn sie sonst noch die richtigen Dinge versprechen, dann darf durchgestellt werden. Das Sekretariat weiß nach einer Weile, wann es durchstellt und wann nicht.

Wenn ich immer ein herkömmliches Sekretariat dabei hätte, brauchte ich so etwas nicht. Aber die Zahl der Sekretariate schrumpft. Das sehen Sie in der Industrie und auch im öffentlichen Dienst. Mobil hat man sie ohnehin selten dabei. Also bekommt man vielleicht eine Untermenge davon, wenn eine bestimmte Technik verfügbar ist.

Eine solche Technik haben wir ausprobiert.

Erreichbarkeitsmanagement

Die Features

- Automatische Anruffilterung unter Kontrolle der Nutzer
- Mehr Schutz für Rufer wie Gerufene
- Auswahl an Möglichkeiten, Dringlichkeit zu signalisieren
- Auswahl an Reaktionsmöglichkeiten

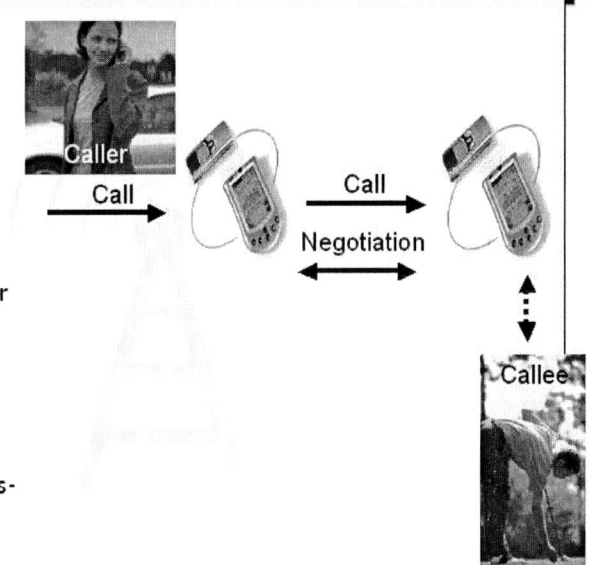

Dazu braucht man eine Auswahl von Möglichkeiten, Dringlichkeit zu signalisieren, und auch eine Auswahl von Reaktionsmöglichkeiten. Eingebaut haben wir das übrigens in einer Koppelung aus Mobiltelefon und PDA. Im Prinzip lief das Ganze dann so ab: Diejenigen die anrufen wollen, wenden sich mit samt ihrer Technik an dieses Gerät. Wenn die Verhandlung zu einer Einigung führt – Verhandlung ist hier das Stichwort –, dann wird irgendwann das Telefon klingeln.

Nun ist die Frage: Wie macht man einen Anruf dringend? Ein Anrufer kann natürlich sagen: Ich entscheide selber, dass ich dringend bin. Man kann auch sagen: Ich bin der Chef, ich komme in einer Rolle. Oder: Ich habe ein Themenstichwort. So etwas wie „Party heute Nacht" hilft bei manchen Leuten durchzukommen. Das sind alles Situationen, in denen sich die andere Seite darauf verlässt, dass die Gemeinschaft, das Soziotop, noch einigermaßen funktioniert. Man kann auch sagen: Manche Leute sind immer ganz dringend und immer ganz wichtig, und sie sind auch immer fantasievoll darin, sich ein Themenstichwort auszudenken. Für solche Leute muss man etwas Härteres haben und kann sagen: Hinterlege eine Kaution, damit bei mir das Telefon klingelt. Die Kaution wirst du, wenn du einen ernsthaften Anlass hattest, zurück erhalten. Das hilft unter Leuten, die sich gut kennen und die sich das Geld natürlich nicht gegenseitig abnehmen werden. Ansonsten wäre vermutlich die Freundschaft belastet. Es hilft aber auch unter Umständen gegen Versicherungsvertreter oder wen auch immer – wenn sich Versicherungsvertreter im Raum befinden, habe ich Pech gehabt – zumindest gegen Leute, die sehr intensiv und kreativ versuchen, einem etwas zu verkaufen und dazu zu einem durchzudringen.

Damit haben wir ein wenig Mehrseitige Sicherheit erzeugt; wir haben nämlich jetzt einen Verhandlungsprozess aufgesetzt. Unter Umständen ist es uns auch gelungen, die Daten im Einflussbereich der Nutzer zu speichern. Wir nehmen an, dies ist einigermaßen sicher. Bei einer Simulationsstudie in Heidelberg hat sich im Übrigen herausgestellt, dass Leute durchaus bereit sind, sich auf dieses Extramaß an Komplexität einzulassen.

Warum habe ich dieses Beispiel vorgestellt? Weil der Aspekt der Verhandlung künftig wichtig sein wird. Man wird vermutlich darüber verhandeln, wer wann wissen darf, wo ich bin, was ich gerade lese und – wenn Sie an das Arbeits- und Beschäftigungsumfeld denken – womit ich gerade beschäftigt bin. Dass dieser Versuch seinerzeit ordentlich gelaufen ist, hatte nicht allein den Grund, dass wir dieses Experiment mit früher GSM-Technik implementiert hatten. Es war nicht ganz einfach, aber es ging. Wir haben vielmehr auch sehr viel Zeit darin investiert, uns die Arbeitsprozesse der Leute anzuschauen, die dort im Medizinbereich arbeiteten, um herauszufinden, an welcher Stelle eine schnelle Information für sie wichtig war.

Ich gehe davon aus, dass wir solche Verhandlungslösungen für ortsbasierte Dienste ebenfalls wieder brauchen werden, und ich gehe auch davon aus, dass es nicht trivial sein wird, solche Verhandlungslösungen so zu konfigurieren, dass sie auf der einen Seite ein gewisses Maß an Datenschutz gewähren und auf der anderen Seite noch praktikabel sind. Das betone ich deswegen, weil wir es aus meiner Sicht vermeiden müssen, dass wir eine Art Pro-forma-Datenschutz bekommen, mit dem man dieses alles prinzipiell abstellen kann, dass wir aber de facto keinen dieser Services vernünftig nutzen können, weil sie „abgehängt" sind. Beim Handling solcher Feinfreigaben von Daten muss man also sehr genau hinschauen.

Das Vorgetragene hat gezeigt, warum noch viel Arbeit auf uns zukommt. Es hat aber auch gezeigt, dass es Lösungen gibt.

Auf einen weiteren Lösungssatz möchte ich hinweisen. Wir haben zwar schon viel darüber gehört, dass das GSM-Netz keineswegs so sicher ist, wie wir uns das wünschen. Es ist aber zum Teil auch gar nicht so unpraktisch und kann uns auch helfen, das Internet ein wenig sicherer zu machen, wenn wir nämlich Infrastrukturen geschickt „verheiraten". Hierzu vorweg eine kurze Einleitung.

Es wurde bereits gesagt: Das GSM-Netz ist das Netz, das das Telefon, das Sie in Ihrer Tasche haben, verwendet. Es gibt ungefähr 800 Millionen andere Taschen, in denen sich ebenfalls Telefone mit GSM-Technologie befinden. Ich vergleiche das gerne mit McDonald's. Es gibt mehr Länder mit Telefonnetzen, die auf Basis einer SIM abrechnen - SIM (Subscriber Identity Module) ist die Chipkarte, die Sie in Ihr Handy hineintun, damit Sie eine Vertragsbeziehung mit Ihrem Betreiber haben – als Länder mit McDonald's-Filialen, sogar mehr Länder, als die UN Mitgliedstaaten hat, nämlich 197. Vielleicht hat das damit zu tun, dass die UN nicht gerade fix darin sind, neue Staaten aufzunehmen. Aber man sieht daran: Diese Infrastruktur ist inzwischen einigermaßen global verfügbar, und sie besitzt ein gewisses Maß an Sicherheit, und das muss man global erst einmal hinbekommen.

Bei Claudia Eckert haben Sie bereits gesehen, wie Sie sich in ein solches Netz einbuchen. Das klappt offensichtlich auch, wenn ich als - sagen wir einmal –polnischer Mobilfunknutzer mit meiner SIM-Card nach Deutschland komme. Es hat 14 Jahre lang mit all seinen Schwächen funktioniert, es hat also schon ein gewisses Maß an Sicherheit, wohingegen wir festgestellt haben, dass Wireless LAN nach ungefähr eineinhalb Jahren große Probleme bekommen haben, woran immer das gelegen haben mag. Also können wir, auch wenn das GSM-Netz seine Schwächen hat, daraus etwas für unsere mobile Internetkommunikation gewinnen.

Ich zeige Ihnen nun ein kleines Beispiel, das wir in Cambridge gebaut haben. Bei unserem dortigen Forschungsprototyp haben wir gesagt: Wir wollen eine solche SIM nicht nur als eine Zugangsberechtigung zum mobilen Telefonieren sehen, sondern als einen Computer, auf dem man unter Umständen auch die eine oder andere Zugangsinformation speichern kann. Wir verbinden die SIM über ein kleines Gateway mit dem Internet.

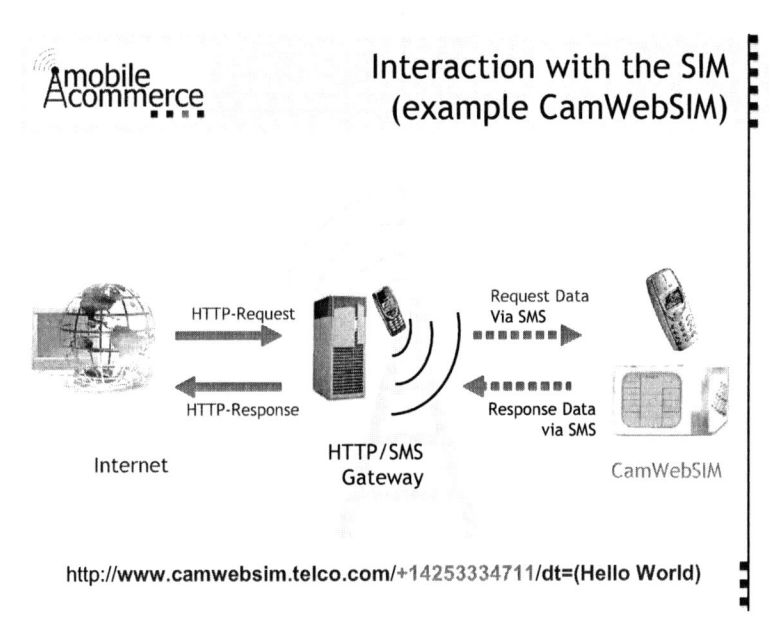

Kommt eine Internetanfrage an, so geht sie weiter über SMS zum Handy und zur SIM, wird irgendwie bearbeitet, geht dann wieder zum Gateway zurück und dann weiter zurück ins Internet.

Die erste Hälfte davon ist an sich noch nicht aufregend. Das ist so ähnlich, wie wenn Sie eine E-Mail erhalten und diese als SMS weiterleiten. Das Interessante ist der Rückkanal, also das, was von der SIM-Karte tatsächlich zurückkommt, und das Interessante ist auch, dass Sie das relativ einfach über einige der vorhandenen Standards – für die Experten: http und SIM Application Tool Kit sind interessant – verwenden und relativ leicht zusammenbauen können.

Wo ist die Anwendung dafür? Ich zeige einmal „Hello Word". Das haben Sie unten noch als Befehl gesehen. Für Leute, die nicht zum Spielen neigen, kann es z. B. eine Anwendung sein, im Internet einzukaufen, z. B. bei Toys.com. Wenn es ans Bezahlen geht, soll ich Toys.com meine Kreditkartennummer geben. Wer weiß, ob ich Toys.com über den Weg traue. – Okay, ich traue Toys.com über den Weg; denn es ist eine schöne Spielwarenfirma und sie macht immer sehr schöne Anzeigen. Nun sitze ich aber im Internetcafé, bin also auch wieder mobil unterwegs. Das Internetcafé kenne ich noch nicht. Gebe ich an einem Internet-Terminal, das ich vorher noch nie gesehen habe, meine Kreditkartennummer ein und traue dem Internetcafébetreiber, dass er sie nicht noch anderswo abspeichert und sie nicht nur auf sicherem Kanal – der Kanal ist schon einigermaßen sicher – an Toys.com übermittelt?

In einem solchen Fall kann ich mir überlegen: Vielleicht zahle ich doch lieber über meine Telefonrechnung. Meine Telefonrechnung kenne ich; ich weiß, von wem sie kommt. Ich weiß auch, wo ich mich beschweren kann, wenn sie zu hoch ist.

Nun kommt die wirtschaftliche Grundlage für einen solchen Service: Wenn Sie auf Ihre Telefonnummer einkaufen, kommt auf Ihrem Handy eine Anfrage an: Wollen Sie jetzt wirklich 27,80 $ für das, was Sie bei Toys.com einkaufen wollen, bezahlen, oder wollen Sie das lieber nicht tun?

Was haben wir also angestellt? Wir haben eine Smartkarte an das Internet angehängt. Sie werden die Diskussion kennen. Auch in diesem Raum ist sie unter dem Stichwort der digitalen Signaturen diskutiert worden. Die Frage lautet: Werden wir jemals Smartkartenleser an unserem PC haben, oder ist das nicht eigentlich viel zu teuer? Gleichzeitig haben die meisten Leute eine Smartkarte im Handy in der Tasche. – Diese Smartkarte haben wir also an das Internet gehängt. Außerdem haben wir das Mobiltelefon als ein sicheres Gerät benutzt. Wir haben nämlich gesagt: Bestätige auf meinem Mobiltelefon, dass diese Transaktion auch wirklich durchgehen soll. Damit haben wir gleichzeitig gesagt: Der Telefonbetreiber darf auf meine Rechnung abbuchen und gibt das Geld an Toys.com weiter. War mein Telefon sicher genug dafür? War das, was ich hier auf dem Bildschirm gesehen habe, auch tatsächlich das, was ich hinterher als Nachricht bestätigt habe?

Wir haben bei der Signaturdiskussion gesehen, dass das mit PC manchmal funktioniert, mit kleinen primitiven Handys kann das funktionieren; wenn diese Handys auf einmal so komplex wie PC sind, müssen wir sie auch so kritisch wie PC betrachten. Möglicherweise haben wir aber nächstens auch einfach noch ein kleines primitives Telefon zum Bezahlen in der Tasche und außerdem ein buntes Telefon für alle anderen Dinge. Der Trend geht zum Zweit- und Dritthandy. Das sehen Sie auch bei anderen Nationen.

Ansonsten haben wir die Infrastruktur von GSM benutzt, um eine Zahlungskonzeption darauf zu setzen. Wir haben dadurch, dass wir die Authentifizierung in der SIM hatten, gesagt: Dann kommt die Rechnung auch richtig an.

Nun haben wir Claudia Eckert gerade gehört, die gesagt hat, dass GSM noch nicht so sicher ist. Insoweit lohnt es sich, noch einmal genauer hinzuschauen. Dabei stellt man fest, dass es verschiedene GSM-Sicherheiten gibt. Übertragungssicherheit ist beispielsweise so gut wie überhaupt nicht vorhanden. Wenn wir einen solchen Prozess entwerfen, sollten wir jedenfalls bei den Antwortdaten, die wir als SMS verschicken, auf keinen Fall irgendein Geheimnis schicken. Wenn wir ein Geheimnis verschicken, dann ist dieses Geheimnis offen. Ein Passwort oder Ähnliches ist nicht möglich. Wir müssen unser Protokoll also so zusammenbauen, dass wir entweder selber noch eine Verschlüsselung draufsetzen – das ist aber wieder sehr aufwändig –, oder wir müssen das Ganze sehr sorgfältig zusammenbauen, sodass solche Bestätigungen nicht auf eine x-beliebige Web-Transaktion passen können. Das kann man mit einigermaßen überschaubarer Sicherheit hinbekommen, auch vor dem Hintergrund, dass wir ja gerade einen Einkauf von nur rund 30 $ getätigt haben und dass unsere Telefonrechnung möglicherweise das Vier- oder Fünffache davon beträgt. Mit einem solchen Verfahren würde ich nicht unbedingt ein Haus kaufen wollen, aber eine CD für 30 $ durchaus. Und wenn die Alternative darin besteht, meine Kreditkartennummer im Internetcafé einzugeben, wo ich auch mobil bin, so ist das möglicherweise gar nicht die schlechteste Lösung.

Ich habe diesem Beispiel einen so breiten Raum eingeräumt, weil ich nun zu einem für den Datenschutz interessanten Punkt kommen möchte. Wir können auf diese Art und Weise auch bargeldartige Zahlungen tätigen. Sie werden sich aus anderen Zusammenhängen erinnern, dass Bargeld im Internet – was ja aus Datenschutzsicht ausgesprochen hilfreich wäre – bislang noch nicht wirklich zum Fliegen gekommen ist, obwohl sich z. B. die Deutsche Bank dafür engagiert hat. Der Grund dafür liegt darin, dass die Kunden gefragt haben: „Warum soll ich mir ein neues Zahlungssystem kaufen, wenn ich noch keinen Händler finde, bei dem ich mit diesem Zahlungssystem auch zahlen kann?" Die Händler wiederum haben gesagt: „Wenn es keine Kunden gibt, warum soll ich mir ein neues Zahlungssystem anschaffen? Es ist gerade schlimm genug, dass ich Kreditkartengebühren und vielleicht noch EC-Kartengebühren bezahlen muss, weil meine Kunden damit bezahlen. Jetzt noch ein neues Zahlungssystem! Worin besteht denn dabei das Geschäftsmodell? Ich bin Mittelständler. Ich will das System nicht wirklich, solange keine Kunden vorhanden sind, die damit bezahlen wollen".

Also fahren wir mit dem gerade vorgestellten Modell besser. Bargeldartige Zahlungssysteme über GMS-Netze sind im Prinzip schon vorhanden. Wir haben alle eine SIM. Einige habe eine vorbezahlte SIM. Viele haben auch zwei SIM, und es ist eine Infrastruktur vorhanden, mit der Sie Ihre SIM anonym aufladen können. Sie könnten also im Prinzip mit Ihrer SIM bargeldartig im Internet bezahlen. Auf einmal haben wir Bargeld im Internet.

Dazu kann ich Ihnen sagen: Das ist fast überall möglich, nur nicht in Deutschland. Warum nicht? Weil die Regulierung in Deutschland in ihrer Weisheit und im Zuge der Bekämpfung des organisierten Verbrechens beschlossen hat: Wenn ich in Deutschland eine vorausbezahlte SIM legal kaufen will, dann muss ich meinen Personalausweis vorlegen, und dann ist es vorbei mit der Anonymität und auch vorbei mit der bargeldähnlichen Bezahlung. Das soll gegen das organisierte Verbrechen helfen, wird uns gesagt. In Südafrika, England oder Tschechien kann ich anonym kaufen. Ich kann Ihnen sagen: Ich habe entsprechende SIMs gekauft und auch ausprobiert. Ich könnte mir vorstellen, dass das dem organisierten Verbrecher auch einfällt. Aber wie gesagt, in Deutschland geht das nicht. Es gibt auch Leute die sagen: „Mache es Dir nicht so schwierig, gehe zur Frankfurter Hauptwache und kaufe dir dort eine vorbezahlte SIM, die jemandem gestohlen worden ist." Aber der „ganz normale organisierte Verbrecher" fährt eben in eines der anderen Länder, und es wird sich auch immer eines finden, wo man sich solche SIM besorgen kann. Der „ganz legale Bürger", der beim Bezahlen Datenschutz haben möchte und der eine Mobil-Infrastruktur zur Verfügung hätte – das Geschäftsmodell ist fast vorhanden, die Technik ist vorhanden –, kann dies allerdings nicht nutzen, weil die Prepaid-SIMs registriert werden müssen.

Das wollte ich noch einmal als Beispiel dafür anführen, dass die Mobilkommunikation, der wir einiges an Risiken umgehängt haben, mithilfe der SIM-Infrastruktur durchaus auch sehr viele Chancen bietet. Was Sie an Unsicherheiten bezüglich der Protokolle gesehen haben, bezieht sich nur ganz am Rande auf die Authentifizierung. Die Mechanismen, um die Authentifizierung im GMS-Netz zu „knacken", sind teurer als das, was Sie bei Prepaid machen. Mit einer Prepaid-SIM zahlen könnte man durchaus noch eine Weile, das würde auch mit UMTS möglich sein; aber man müsste sich als Gesetzgeber und Regulierer eben darauf einlassen, dass Bürger eine SIM tatsächlich anonym kaufen können.

Ein weiterer Punkt. Neuerdings kauft man nicht mehr unbedingt papierene Vouchers, um seine SIM aufzuladen, sondern macht das elektronisch. Das könnte die Privacy gefährden. Die gute Nachricht an der Stelle ist – das kann man in England inzwischen auch schon sehen – Sie gehen in den Laden, die Karte wird aufgeladen, Sie zahlen bar oder wie auch immer, und es gibt trotz des elektronischen Aufladens keine Verbindung zwischen Ihrem Namen und der SIM. Also auch an dieser Stelle hat die Technik das auf die Reihe bekommen. Der Regulierer müsste das Ganze jetzt nur noch ermöglichen.

Damit bin ich bei meinem Fazit angelangt. Ich habe Ihnen nicht genau das Gleiche gesagt wie Claudia Eckert oder Herr Etrich, obwohl das alles im Prinzip auch stimmt. Aber wenn man daran die Frage der Anwendungen anschließt, dann sieht man zum einen, dass das GSM-Netz oder das UMTS-Netz, an dessen Sicherheit wir, insbesondere was die Geheimhaltung angeht, noch arbeiten müssen, ganz massiv in die Anwendung hineinwachsen. Ortsbasierte Dienste kommen uns immer näher. In absehbarer Zeit werden wir Verhandlungen über diese Datenflüsse brauchen, und zwar Verhandlungen in einer Weise, die einerseits datenschutzfreundlich und andererseits noch behandelbar sind. Denn Sie wollen nicht den ganzen Tag dasitzen und Ihre Datenflüsse verwalten. Vermutlich haben Sie auch noch Geld zu verdienen oder sich um eine Familie oder sonst jemanden zu kümmern. Zum anderen ist es möglich, mithilfe dieser SIM-Karten, mit anonymen SIM-Accounts, bar zu bezahlen. Andere Länder machen das. Wir in Deutschland halten uns noch zurück und ruinieren uns ein paar Geschäftsmodelle. Das ist vor dem Hintergrund der Regulierungsflut und unter dem Stichwort Wirtschaftsstandort Deutschland eine Tatsache, die den Wirtschaftsinformatiker natürlich schon ein wenig belastet.

Es geht also nicht alleine um die mobile Technik, sondern auch um den Umgang damit. Mobile Anwendungen fordern den Datenschutz heraus, aber sie machen ihn auch besser möglich, wenn man es richtig anpackt. Soweit mein Fazit. Herzlichen Dank für Ihre Aufmerksamkeit. Ich freue mich auf eine Diskussion heute Vormittag und auch heute Nachmittag zum Thema Regulierung.

Anhang
Folien Professor Dr. Kai Rannenberg

mobile commerce

Mobile Anwendungen und Mehrseitige Sicherheit

12. WIESBADENER FORUM DATENSCHUTZ
"Datenschutz in der mobilen Welt - Realität oder Utopie?"
11.09.2003

Kai Rannenberg
Goethe University Frankfurt
www.whatismobile.de

mobile commerce

Agenda

- **Mobile Commerce & Mehrseitige Sicherheit (in Frankfurt)**
- Ortsbasierte Dienste
    - Ein Blick auf den Markt
    - M-Government
    - Katastrophenschutz
- Mehrseitige Sicherheit
- Pseudonyme & die SIM
    - SIMs als Plattformen
    - PrePaid SIMs
- Fazit & Ausblick

---

mobile commerce

M-Commerce and Multilateral Security in Frankfurt

- T-Mobile Chair for Mobile Commerce and Multilateral Security @ Johann Wolfgang Goethe-University Frankfurt/Main (Germany)

- www.whatismobile.de

T··Mobile·
Stiftungsprofessur für M-Commerce

Agenda

- Mobile Commerce & Mehrseitige Sicherheit (in Frankfurt)
- **Ortsbasierte Dienste**
  - Ein Blick auf den Markt
  - Katastrophenschutz
- Mehrseitige Sicherheit
- Pseudonyme & die SIM
  - SIMs als Plattformen
  - PrePaid SIMs
- Fazit & Ausblick

Child Watch

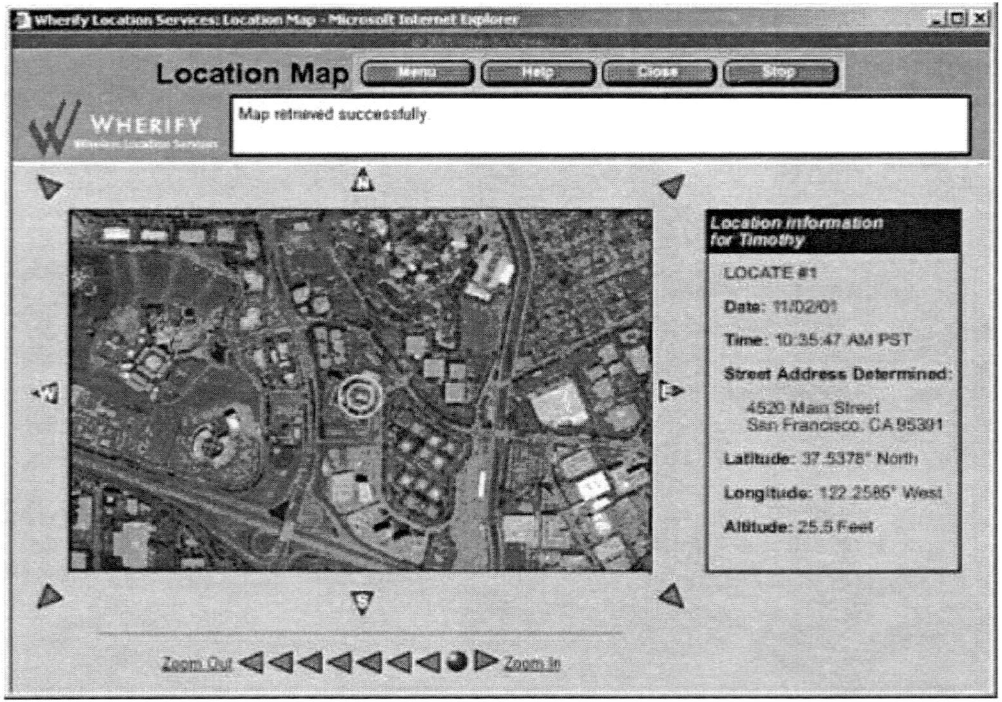

Child Watch

- Children have GSM-GPS system on wrist
- Price: 199,99 US$
- Example Service Plan:
  „Liberty" (19.95 US$ / Month > 4 free calls, any further call 15 US$, 3 free localisations, additional ones 0,95 US$)

mobile
commerce

Mobile Anwendungen ...

Verkehrskontrolle?

- Autovermieter ACME rüstet Fahrzeuge mit GPS & GSM aus.
- $150 Vertragsstrafe bei Geschwindigkeitsübertretung.
- Modell für die staatliche Verkehrskontrolle?
- Kommerzielle Verwertung der Spuren?

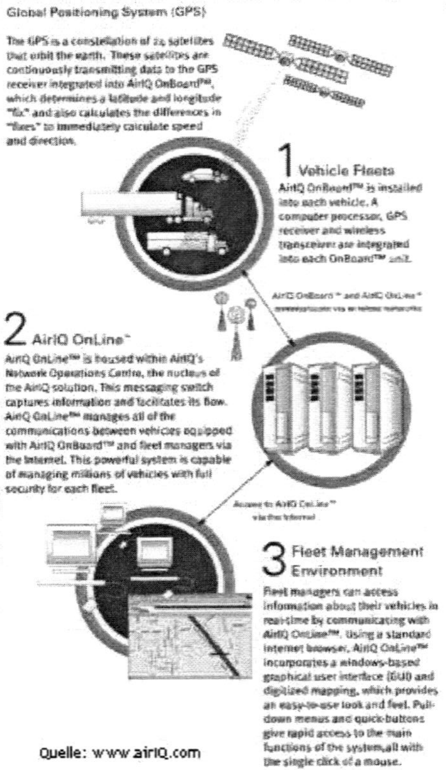

Quelle: www.airq.com

Ortsbasierte Dienste

Was ist ein ortsbasierter Dienst („Location Based Service" – LBS)?

- Positionsinformation als Grundlage für eine mobile Datenanwendung
- Meistens verfügt ein Teil der Infrastruktur über Mobilität (z.B. Handy).
- Es ist Datenkommunikation nötig, um den Dienst zu erbringen.

→ Hier ortsbasierte Dienste rund um drahtlose Datennetze (WLAN, GSM, UMTS, ...).

Nutzung und Voraussetzungen

Zudem möchte man mit LBS:
- Einen nützlichen Dienst erbringen (z.B. im E-Government) und/oder
- Geld verdienen (als kommerzieller Anbieter)

Man braucht also:
- Technische Grundlagen
- Eine Anwendung mit Geschäftsmodell
- Erfüllung von anderen Voraussetzungen (Geschäftsbeziehungen, Gesetze, Zuständigkeiten)

LBS: Infrastruktur

Meist Varianten dieser Infrastruktur:

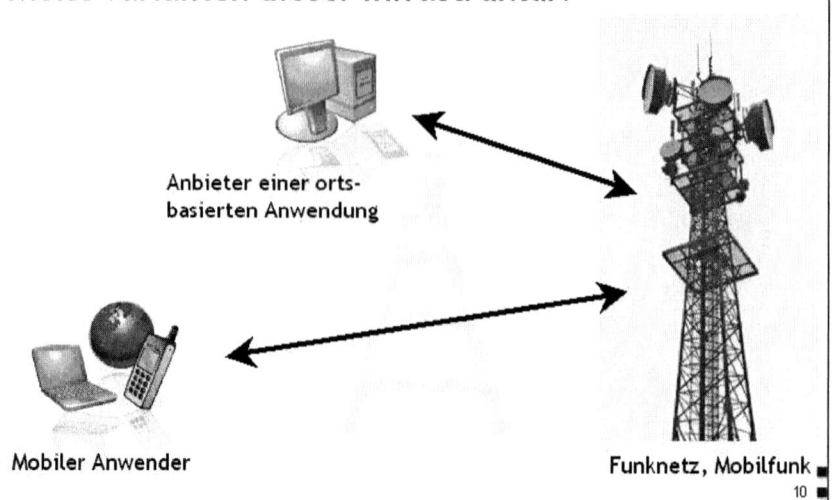

Anbieter einer orts-
basierten Anwendung

Mobiler Anwender

Funknetz, Mobilfunk

LBS: Beziehungen der Partner

LBS setzen viele mögliche Beziehungen der
beteiligten Parteien untereinander voraus:

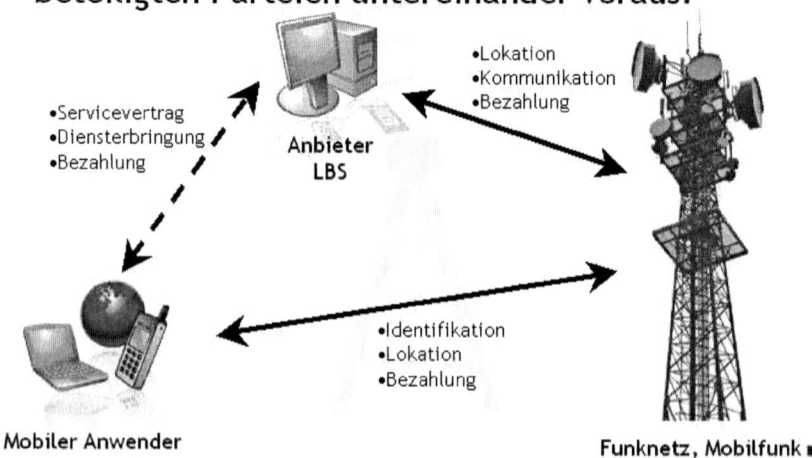

- Servicevertrag
- Diensterbringung
- Bezahlung

Anbieter
LBS

- Lokation
- Kommunikation
- Bezahlung

- Identifikation
- Lokation
- Bezahlung

Mobiler Anwender

Funknetz, Mobilfunk

Beispiele

Heute schon realisiert sind:
- Geldautomatensuche
- Routenplanung fürs Kfz
- Ortung von Kindern mit Handy

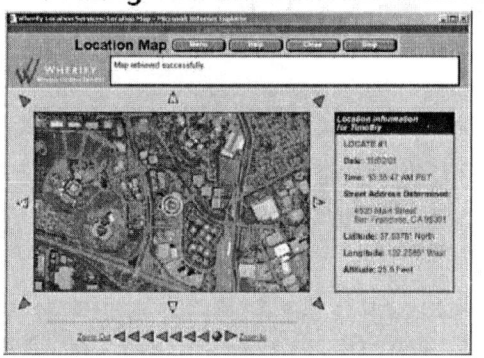

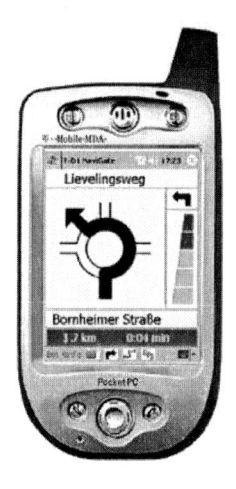

Aktuelle Vorhaben

- **E911** (USA)
  Ortsübermittlung bei Notrufen

- **E112** (EU)
  Ortsübermittlung bei Notrufen im Mobilfunk

USA: E911 – Notrufortung

- Wireless Communications and Public Safety Act of 1999 (911 Act):
    - Verbesserung der 911-Notrufe sowie
    - Ortsinformationsübermittlung an Einsatzzentralen aus allen lizenzierten Mobilfunknetzen und anderen Netzen.
- 2 Phasen:
    - Phase 1, April 1998: Mobilfunk-Betreiber liefert Nummer und Zellinformation an Leitstelle
    - Phase 2, 31. Dezember 2002: Alle verkauften neuen Handys verfügen über Ortungstechnik; 1.April 2003: 100% der Nutzergeräte / des Netzgebietes müssen Ortsinformation liefern.

USA: E911 – Notrufortung

In this E911 example,

- *the Mobile Positioning Center gathers location data from Position Determining Equipment (**PDE**) located on the cell tower.*
- *The Service Control Point (**SCP**) uses the Location Management Platform to translate the location of the E911 call to the corresponding Public Safety Answering Point (**PSAP**), ensuring that the emergency call is properly routed.*

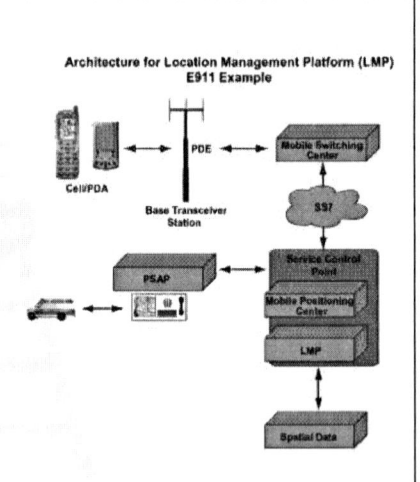

Architecture for Location Management Platform (LMP)
E911 Example

Quelle: www.mapinfo.com

E112

- EU-weite Einführung von Ortsübermittlung im Mobilfunk bei 112-Notrufen (und Mehrwertdiensten)
- Erwähnt in EU-Regulierungsvorhaben zu
  - Datenschutz/Privatsphäre bei elektronsicher Kommunikation (COM2000-385)
  - Universaldienst und Nutzerrechte bei elektronischen Kommunikationsnetzen (COM2000-392)
- Regulierung bis 2003 erwartet
- Projekte LOCUS und CGALIS zur Vorbereitung
- ETSI führt Spezifikation möglicherweise fort.

E112 – Regulierung

COM2000-385 und COM2000-392

- Unterscheidung zwischen Verkehrs- und Ortsinformation
- Explizite Einwilligung und Widerrufsrecht der Nutzer bei kommerziellen Ortungsanwendungen
- Notrufe bekommen Ortsinformation ohne Einwilligung, z.T. noch lückenhaft definiert.
- Viele technische und rechtliche Fragen offen ...

Quellen:
http://europa.eu.int/comm/information_society/policy/framework/pdf/com2000385_de.pdf
http://europa.eu.int/comm/information_society/policy/framework/pdf/com2000392_de.pdf

E112 – Regulierung

Offene technische und rechtliche Fragen

- Kompatibilität von Ortungsverfahren der verschiedenen Netzbetreiber
  - Messverfahren, Protokolle, Datenformate, Endgeräte
  - EU-weites Roaming?
- Kompatibilität der Technik in Notrufzentralen
- Differenzen im nationalen Datenschutz
- Netzbetreiberübergreifender Austausch der Verwaltungsdaten (z.B. Widerrufe)
- ...

Agenda

- Mobile Commerce & Mehrseitige Sicherheit (in Frankfurt)
- Ortsbasierte Dienste
  - Ein Blick auf den Markt
  - Katastrophenschutz
- Mehrseitige Sicherheit
- Pseudonyme & die SIM
  - SIMs als Plattformen
  - PrePaid SIMs
- Fazit & Ausblick

Katastrophenschutz

Wie erreicht man Bürger in einer Katastrophensituation?

- Heute: Sirene, Radio, Lautsprecherwagen. Reicht das aus?
- Morgen: Per Handy-Rundfunk sowie direkt per Ortung über das Mobilfunknetz?

Katastrophenschutz

Wie findet man Bürger in einer Katastrophensituation?

- Heute: Patroullien, Polizeistreifen.
- Morgen: Per Ortung über das Mobilfunknetz?

Könnte die Mobilfunkinfrastruktur als Katastrophenschutzinfrastruktur genutzt werden?

Katastrophenschutz

19. September 2002

Überflutung des am westlichen Stadtrand von Dresden gelegenen Nieder-Gohlis.

Ölfilm →

Quelle: Städtisches Vermessungsamt Dresden

Katastrophenschutz

- **Betroffene Firmen**
  - Geschäftsführer bzgl. Gefahrgüter-
    - -Abtransport benachrichtigen?
    - -Spezifikation befragen?
- **Familien**
  - Auswärtige Familienmitglieder benachrichtigen?
- **Rettungskräfte**
  - Über verbleibende Personen informieren?

Katastrophenschutz

Familienvater

Geschäftsführer

Leitstelle

Verwandtschaft

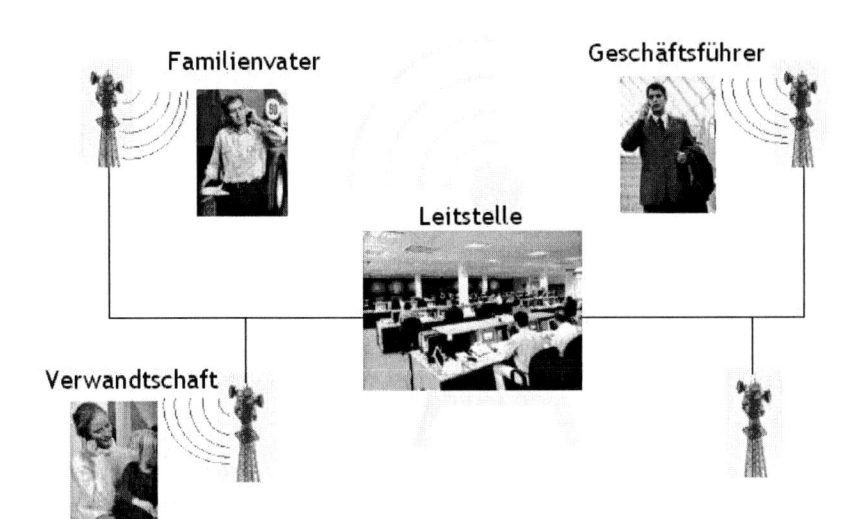

Katastrophenschutz

- Bürger will
    - Sein Leben schützen (vor Ort gewarnt werden)
    - Seine Familie schützen (z.B. Kinder halten sich bei Großeltern auf, Bedrohung ist dort)
    - Sein Eigentum schützen (in der Ferne informiert werden, wenn zu Hause etwas passiert)

Katastrophenschutz

- Bürger will
  - Seine Privatsphäre schützen
  - Zugriffsrechte auf Ortsinformationen gewähren und entziehen
  - In echten Notfällen auch ohne explizites Einverständnis gerettet werden

→Komplexes Problem mit Aspekten des Datenschutzes, informationeller Selbstbestimmung und Notfallsituation.

Agenda

- Mobile Commerce & Mehrseitige Sicherheit (in Frankfurt)
- Ortsbasierte Dienste
  - Ein Blick auf den Markt
  - Katastrophenschutz
- **Mehrseitige Sicherheit**
- Pseudonyme & die SIM
  - SIMs als Plattformen
  - PrePaid SIMs
- Fazit & Ausblick

mobile commerce — Mehrseitige Sicherheit

Verschiedene Parteien mit verschiedenen Interessen:

- Kunden, Anbieter
- Bürger, Behörden
- Gespeicherte, Speichernde Stellen
- Kommunikationspartner

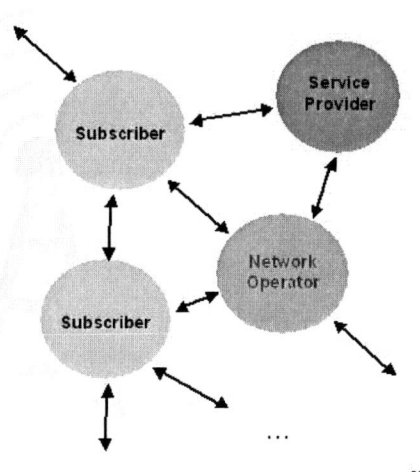

(Diagramm: Subscriber, Service Provider, Network Operator, Subscriber)

---

mobile commerce — Mehrseitige Sicherheit

**Berücksichtigung der
– durchaus auch unterschiedlichen –
(Sicherheits)-Interessen der Beteiligten**

- „Keine unbezahlte Leistung" (Anbieter) vs. „Keine ungewollte Zahlung" (Kunde)
- „Keine unbezahlten Leistungen" (Service Provider) vs. „Kommunikation ohne Kommunikationsprofile"
- „Direkte und gezielte Kundenansprache" (Anbieter) vs. „Keine Kundenprofile"
- ...

Mehrseitige Sicherheit

... und in einer Welt
voller Konsortien werden
- die Partner ständig mehr
- die Beziehungen immer komplexer

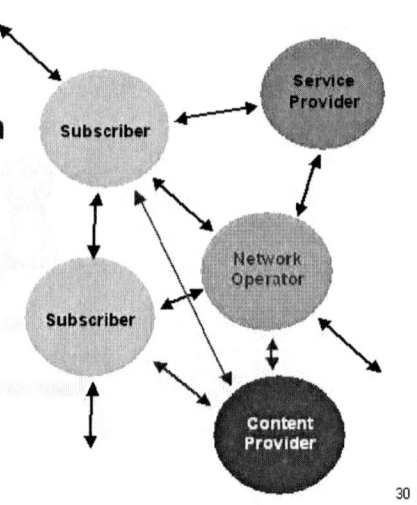

Mehrseitige Sicherheit

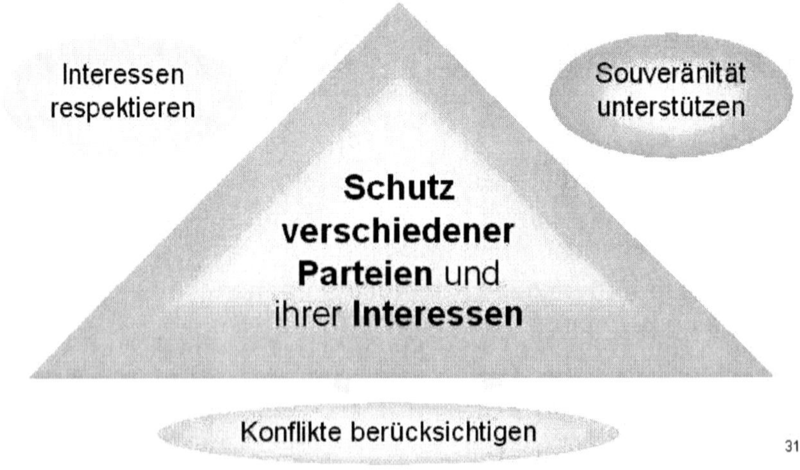

Interessen respektieren

Souveränität unterstützen

Schutz verschiedener Parteien und ihrer **Interessen**

Konflikte berücksichtigen

Mehrseitige Sicherheit berücksichtigt Konflikte

Interessen respektieren

- Parteien können ihre eigenen **Interessen** definieren.
- Konflikte können **erkannt** und **verhandelt** werden.
- Ausgehandelte **Resultate** können **durchgesetzt** werden.

Souveränität unterstützen

- Parteien sind **nicht** gezwungen **anderen zu vertrauen**
- Parteien müssen **nur minimal** oder **nicht in Technik** von anderen **vertrauen**

Schutz **verschiedener Parteien** und ihrer **Interessen**

Mehrseitige Sicherheit im Alltag

Das Problem

- Erhöhte Erreichbarkeit aufgrund neuer Kommunikationsdienste
- Zeitknappheit
- Belästigende Anrufe
- Konflikt um (ISDN)-Rufnummernanzeige

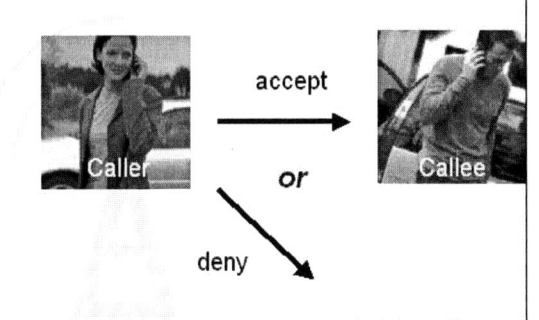

accept

or

deny

Caller

Callee

Callee

-> Erreichbarkeitsmanagement (EM)

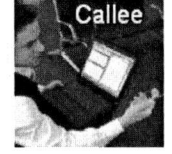

Erreichbarkeitsmanagement

mobile commerce

Die Features

- Automatische Anruffilterung unter Kontrolle der Nutzer
- Mehr Schutz für Rufer wie Gerufene
- Auswahl an Möglichkeiten, Dringlichkeit zu signalisieren
- Auswahl an Reaktionsmöglichkeiten

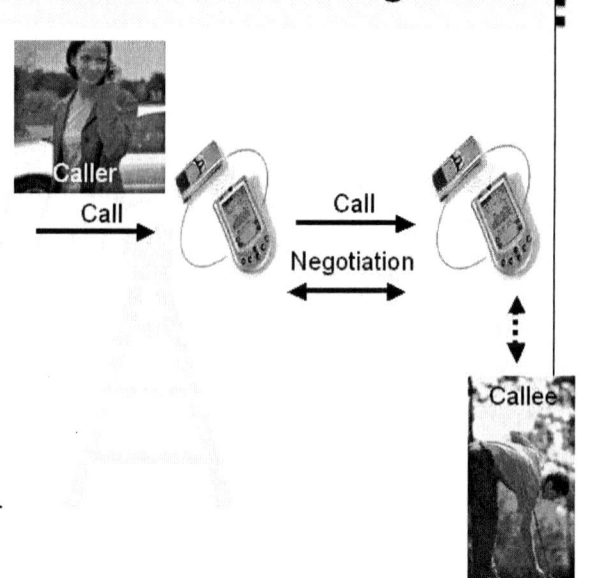

Caller — Call → Call Negotiation ↔ — Callee

Argumente für die Dringlichkeit

mobile commerce

Selbsteinschätzung
„Es ist **wirklich** dringend!"
Rolle
„Hier ruft der Chef!"
Themenstichwort
„**Party** heute Abend"
Gutschein
„Bitte rufen Sie zurück"
Referenz
„Mein Freund sei Dein Freund!"
Kaution
„Satisfaction guaranteed or this money is yours!"

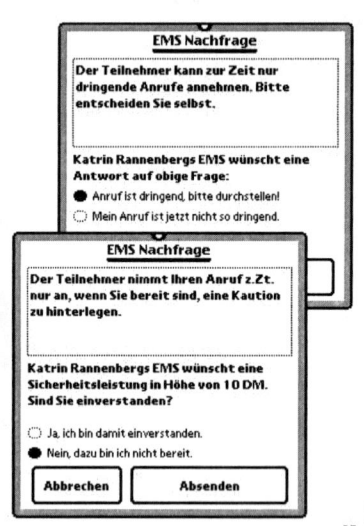

EMS Nachfrage
Der Teilnehmer kann zur Zeit nur dringende Anrufe annehmen. Bitte entscheiden Sie selbst.

Katrin Rannenbergs EMS wünscht eine Antwort auf obige Frage:
● Anruf ist dringend, bitte durchstellen!
○ Mein Anruf ist jetzt nicht so dringend.

EMS Nachfrage
Der Teilnehmer nimmt Ihren Anruf z.Zt. nur an, wenn Sie bereit sind, eine Kaution zu hinterlegen.

Katrin Rannenbergs EMS wünscht eine Sicherheitsleistung in Höhe von 10 DM. Sind Sie einverstanden?

○ Ja, ich bin damit einverstanden.
● Nein, dazu bin ich nicht bereit.

[Abbrechen] [Absenden]

35

Erreichbarkeitsmanagement und Mehrseitige Sicherheit

???????

Mehrseitige Sicherheit berücksichtigt Konflikte

Interessen respektieren

- Parteien können ihre eigenen **Interessen** definieren.
- Konflikte können **erkannt** und **verhandelt** werden.
- Ausgehandelte **Resultate** können **durchgesetzt** werden.

Souveränität unterstützen

- Parteien sind **nicht** gezwungen **anderen** zu vertrauen
- Parteien müssen **nur minimal** oder **nicht in Technik** von anderen **vertrauen**

Schutz **verschiedener Parteien** und ihrer **Interessen**

Erreichbarkeitsmanagement und Mehrseitige Sicherheit

- Schutz für Rufer **wie** Gerufene
- Balancierung der Sicherheitsanforderungen
- Speicherung und Verarbeitung sensitiver Daten im Einflussbereich der Nutzer

- **Bewertung** des Konzeptes im Rahmen einer **Simulationsstudie** im Heidelberger Gesundheitswesen

Simulationsstudie im Heidelberger Gesundheitswesen

- Fiktive aber **realistische Fälle**
- **Echte Nutzer:** ca. 40 Ärzte, Pfleger, Verwalter, etc. im Krankenhaus und außerhalb
- 1 Woche „Laufzeit"
- 18 Monate Vorbereitung und Analyse:
  - Arbeitsabläufe
  - Usability
  - Fallbeispiele
  - Angriffe

- Erreichbarkeitsmanagement
- Sicherheitsaushandlung
- Identitäten und Pseudonyme
- Signaturwerkzeug
- Zugriff auf Patientenakten
- Medizinische Informationen
- Krankenhauskommunikation

mobile commerce — Na und ...

- Nur ein kleines Beispiel ...
- ... aber eines mit Wachstumspotential, z.B. angesichts **der** Integration von Sprach- und Datendiensten
- Ähnliche Probleme/Potentiale
  - Organisations-kommunikationsportale
  - Mobiler Zugriff
  - Gemeinsame Kalender
- Neue Verhandlungsdimensionen
  - Wer darf wissen,
    - wann ich wo bin?
    - wann ich was lese?

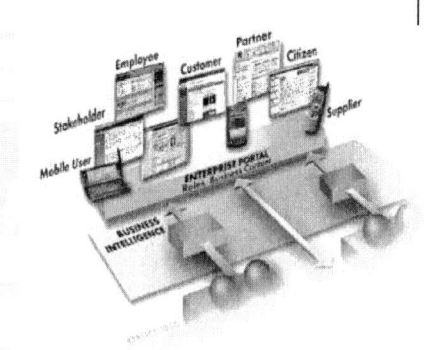

[Bild: SAP]

mobile commerce — Agenda

- Mobile Commerce & Mehrseitige Sicherheit (in Frankfurt)
- Ortsbasierte Dienste
  - Ein Blick auf den Markt
  - Katastrophenschutz
- Mehrseitige Sicherheit
- **Pseudonyme & die SIM**
  - **SIMs als Plattformen**
  - PrePaid SIMs
- Fazit & Ausblick

The Subscriber Identity Module (SIM)

- **Used in** GSM **and** UMTS
- **Represents** contract **between subscriber & network operator**
- Authorizes **subscribers** to **use** the network
- **Lets subscribers** authenticate themselves
- **863.6 Mio** GSM subscriptions (IDs)
  [May 2003, GSM Assoc]
- **More** countries with **SIM** infrastructure (197, May 2003) **than** with **McDonald's** (119, Aug 2003) and **more than UN** member states (191, Aug 2003) [GSM Assoc, McDonald's, UN]

Mobile communications penetration rates

(percentage of mobile communications customers)

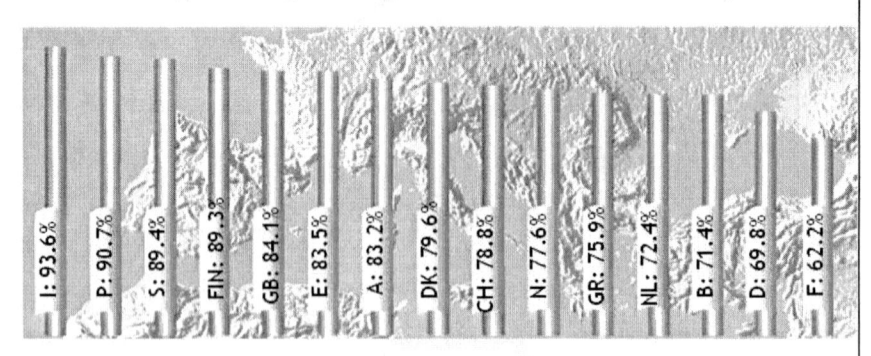

- I: 93.6%
- P: 90.7%
- S: 89.4%
- FIN: 89.3%
- GB: 84.1%
- E: 83.5%
- A: 83.2%
- DK: 79.6%
- CH: 78.8%
- N: 77.6%
- GR: 75.9%
- NL: 72.4%
- B: 71.4%
- D: 69.8%
- F: 62.2%

[INFORMA Telecoms Group, Mobile Communications, Date: 2003-04-01]

SIM based roaming

Single GSM network architecture

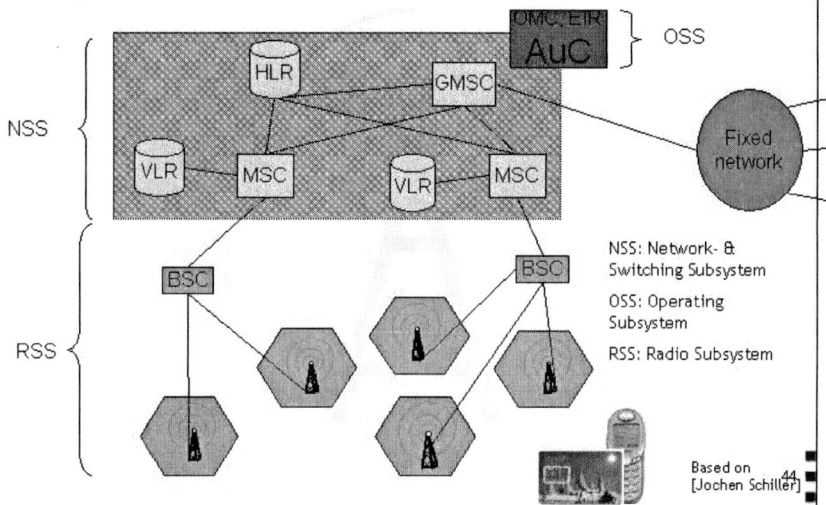

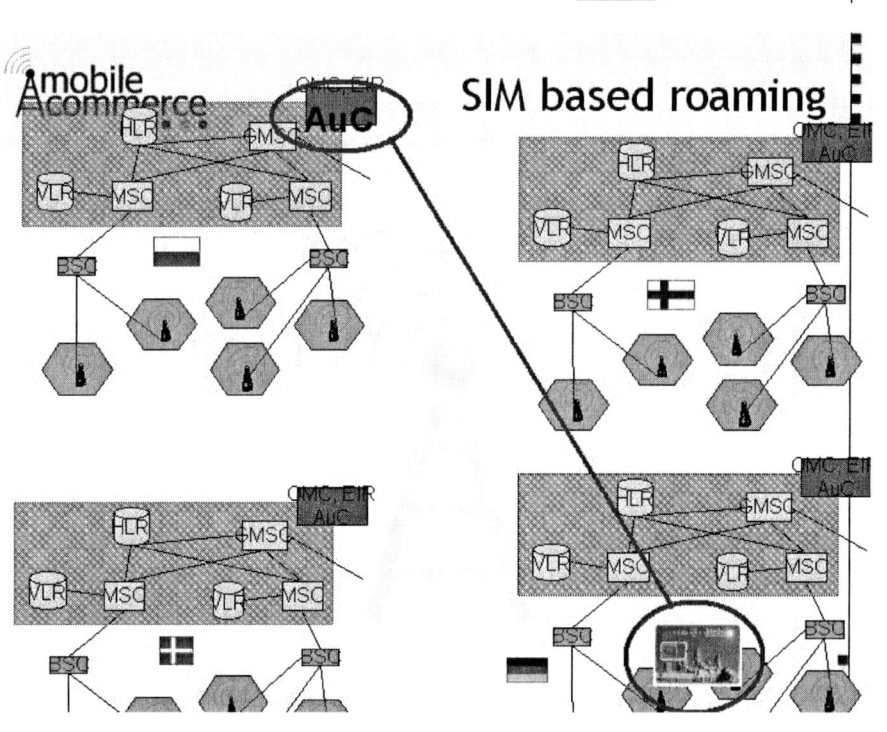

NSS: Network- & Switching Subsystem
OSS: Operating Subsystem
RSS: Radio Subsystem

Based on [Jochen Schiller]

SIM based roaming

105

SIM based subscriber authentication

Challenge response protocol

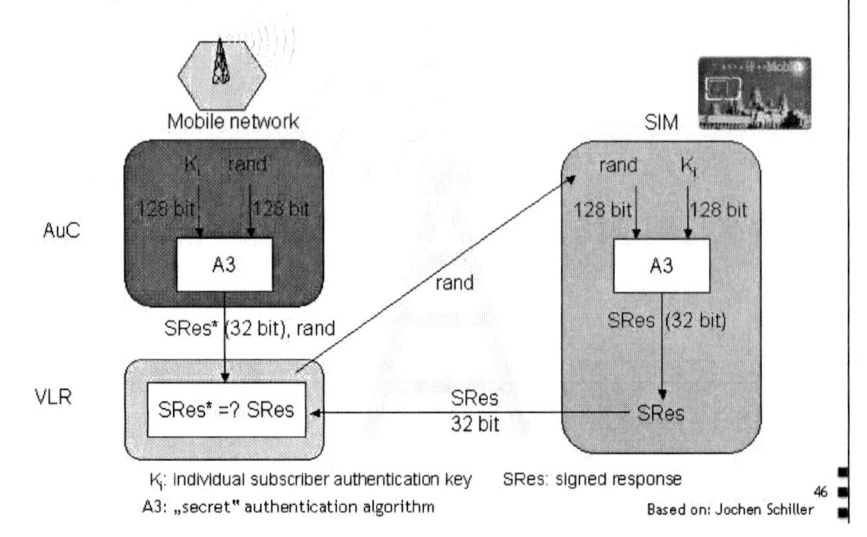

- AuC
- Mobile network
- SIM
- VLR
- K_i: individual subscriber authentication key
- A3: „secret" authentication algorithm
- SRes: signed response

Based on: Jochen Schiller

Interaction with the SIM (example CamWebSIM)

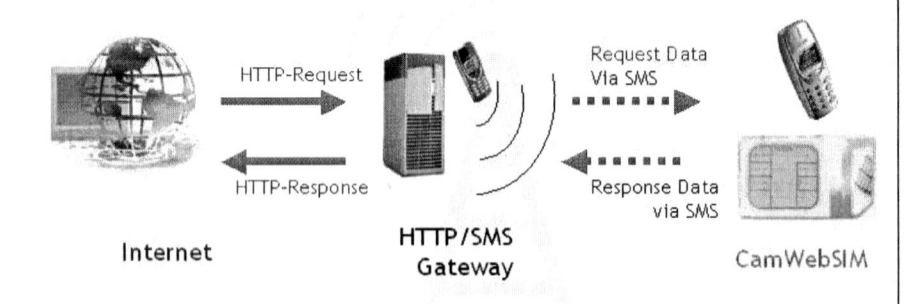

- Internet — HTTP-Request / HTTP-Response
- HTTP/SMS Gateway
- Request Data via SMS / Response Data via SMS
- CamWebSIM

http://www.camwebsim.telco.com/+14253334711/dt=(Hello World)

106

SIM based payment authorization

ι.com.

WELCOME   ADDRESS   ITEMS   WRAP   SHIP   **PAY**   CONFIRM

- More Payment Channels
  - Telephone Bill
  - ...

Toys.com
3 Gimmicks
▶ Pay $ 27.80
Cancel
Help

si=(Toys.com 3 Gimmicks, Pay $ 27.80, Cancel, Help)

Payment authorization live

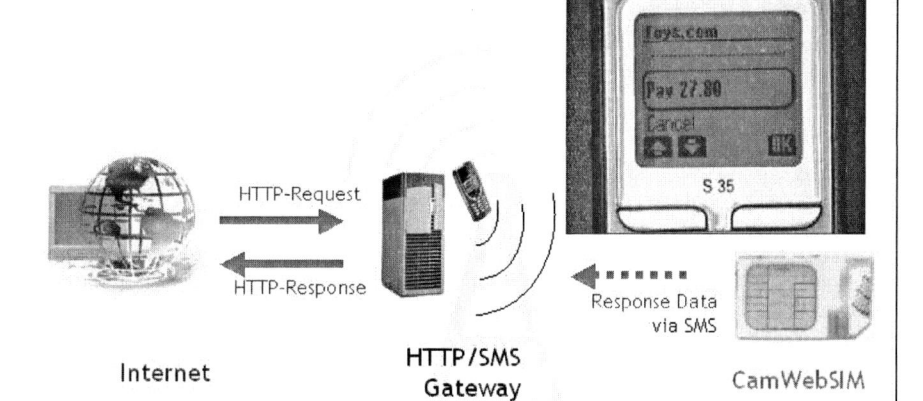

HTTP-Request
HTTP-Response

Response Data via SMS

S 35

Internet — HTTP/SMS Gateway — CamWebSIM

www.camwebsim.telco.com/+14253334711/
si=(Toys.com 3 Gimmicks, Pay 27.80, Cancel, Help)

What have we done in this example?

Technologywise

- **Connected a smart card to the Internet**
  Goal: transparent, uniform access to smart card services
- **Used the mobile phone as a trusted device**
  Assumed a secure path between SIM and display/keyboard
  ! This might be (more) dangerous with more complex phones.
- **Used the existing GSM infrastructure and security model for payment authorisation**
  User authentication key is stored in the SIM.
- ...

What have we done in this example?

Applicationwise

- ...
- **Secured payment authorisation**
  SIMs are used to authorize transactions of higher values already.
- ***Provided a telecom with a new revenue channel based on an existing process***
  Telecoms as payment servers (the Teletext model)
- ***Enabled cash-like payment for Internet services***
  In countries where one does not need to register a name with a prepaid GSM account

Agenda

- Mobile Commerce & Mehrseitige Sicherheit (in Frankfurt)
- Ortsbasierte Dienste
  - Ein Blick auf den Markt
  - Katastrophenschutz
- Mehrseitige Sicherheit
- Pseudonyme & die SIM
  - SIMs als Plattformen
  - **PrePaid SIMs**
- Fazit & Ausblick

SIM privacy properties and challenges

Privacy Properties

- SIMS used as a form of **Identity Management** by users (and their phones?) holding **several** SIMs
- **PrePaid SIMs** can be **bought** and **used totally anonymously** in many countries
- PrePaid SIMs can be used to pay for **Value Added Services** and other **goods** similar to cash.

Challenges

- Some countries ask for (ID card) **identification** of the subscriber when a SIM is issued.
- PrePaid top-up via paper vouchers is **expensive** and being replaced by **electronic** means, that **may** or may **not** support **privacy**

Agenda

- Mobile Commerce & Mehrseitige Sicherheit (in Frankfurt)
- Ortsbasierte Dienste
  - Ein Blick auf den Markt
  - Katastrophenschutz
- Mehrseitige Sicherheit
- Pseudonyme & die SIM
  - SIMs als Plattformen
  - PrePaid SIMs
- **Fazit & Ausblick**

Conclusions and Outlook

- (Location based) applications grow beyond the standard mobile communication domain.
- Negotiation about data flows needed
- SIMs are a widespread global ID infrastructure
- Identity Management is happening (silently)
- Challenges and potential for **privacy** (anonymous SIM accounts)

Thanks a lot for your time!

- Kai.Rannenberg@whatismobile.de
  www.whatismobile.de

Prof. Dr. Friedrich von Zezschwitz, Hessischer Datenschutzbeauftragter:

Vielen Dank, Herr Professor Rannenberg, für die Vielzahl an Beispielen, vor allem aus dem kommerziellen Bereich, und die Schilderung der damit verbundenen elektronischen und datenschutzrechtlichen Probleme. Wir sind uns alle bewusst, dass wir mit der GPS-gestützten Mauterhebung, die künftig für die Mehrzahl der LKW und möglicherweise auch für die Pkw eingeführt werden, einen Riesenfeldversuch vor uns haben. Die hohe Perfektion des geplanten Erfassungssystems setzt eine Vollerfassung aller Bewegungen voraus, um die entfernungsbezogenen Abbuchungen vornehmen zu können. Wir werden demnächst, staatlich gestützt, Ortungssysteme größten Ausmaßes haben. Wenn zusätzlich Pkw und Kleinlaster mit einbezogen würden, entstünden umfassende datenschutzrechtliche Probleme. Jeder weiß: Die Brücken sind fix und fertig; schon jetzt werden Kontrollen anonym gefahren. Künftig wird in dem Moment, in dem festgestellt wird, dass der Halter die entsprechenden Zahlungen nicht geleistet hat, eine Vollaufdeckung der jeweiligen Person und ihres Verkehrsverhaltens stattfinden. Die bereits registrierten Bewegungsprofile werden in diesem Fall zum aktuellen Beweismittel für das zu eröffnende Verwaltungsverfahren. Gegenwärtig wird erörtert, ob die Brücken nicht auch dazu genutzt werden sollen, Geschwindigkeitsüberschreitungen von Lastwagen und anderen Verkehrsteilnehmern zu messen. Es bereitet keine größeren technischen Probleme, Zeit- und Ortsveränderungen genau abgreifen. Hierzu gibt es ebenfalls erste Versuche. Wir bauen derzeit ein Verkehrsüberwachungssystem auf, das extreme Ortungskapazitäten bereitstellt. Damit werden datenschutzrechtliche Probleme großen Ausmaßes aufgeworfen, denn es entsteht ein weiteres Feld des „gläsernen Menschen".

Dies noch als Ergänzung zu dem, was gegenwärtig schon im kommerziellen Bereich läuft. All dies kann erschreckend werden, es kann auch sehr nützlich sein. Denken Sie an die vom Alpenverein aufgebauten Funknetzabdeckungen in den Bergen, die zur Bergrettung voll geeignet sind. Kann durch Interferenz festgestellt werden, wo sich das eingeschaltete Handy des Hilfe Suchenden befindet, lässt sich der Hubschrauber unmittelbar zur Notsituation leiten. Wie bei allen technischen Neuerungen zeigen sich positive Seiten wie auch Kehrseiten. Das macht die Dinge so problematisch. Wenn alles nur negativ einzuschätzen wäre, bräuchten wir es nur zu verbieten. Stets gibt es auch so viele positive Aspekte, dass keine tabula rasa geschaffen werden kann. Wir müssen uns deswegen immer wieder ernsthaft mit den Techniken und mit den Sicherheitsanforderungen, die bei den Techniken zu erfüllen sind, befassen, um den Anforderungen genügen zu können, die in datenschutzrechtlicher Hinsicht zu stellen sind.

Ich bitte Sie nun, die knappe Stunde, die uns heute Vormittag noch zur Verfügung steht, dazu zu verwenden, erstens Ihre Meinung zu den in den Vorträgen aufgeworfenen Fragen zu sagen, aber zweitens auch die Referenten, da, wo Sie Lücken empfinden, zu Präzisierungen dessen, was bereits gesagt worden ist, aufzufordern.

**Staatssekretär Harald Lemke,
Hessisches Ministerium der Finanzen:**

Herr Professor von Zezschwitz, die Diskussion bringt man am besten mit ein wenig Provokation in Gang, zumal ein Datenschutzforum manchmal darunter leidet, dass nur die eine Seite gesehen wird. Deshalb möchte ich die Diskussion mit einem Aspekt einleiten, der am Anfang vielleicht provokant zu sein scheint; aber ich denke, dies ist kein Widerspruch.

Im Grundsatz ist das Gesagte ja nichts Neues. Kommunikation war niemals sicher. Sie haben mit einem IMSI-Catcher für 1.000 € den totalen Lauschangriff demonstriert. Ich erinnere mich noch an meine Lehrzeit vor rund 30 Jahren. Damals gab es schon die kleine Wanze. Sie hat nur etwa 10 DM gekostet. Die Technik war also immer vorhanden.

Ich denke, seit Menschen kommunizieren – nicht im kleinen verschlossenen Raum, sondern über Entfernungen hinweg – haben sie immer den Nutzen dieser Kommunikation mit dem Risiko abgewogen, dass diese Kommunikation offen ist. Der Nutzen – das ist das Problem, vor dem wir mit dem Datenschutz stehen – steigt in einem Zeitalter der Globalisierung und der Mobilität exponential. In diesem Zusammenhang sind die Geschäftsfelder in der Globalisierung zu nennen, die auf Kommunikation aufbauen. Stichwort Outsourcing. Wenn heute eine Firma wie Procter & Gamble ihre gesamte Personalverwaltung in 40 Ländern an ein Unternehmen outsourced, so wie letzte Woche geschehen, so ist dies nur mit Hilfe von Kommunikation möglich.

Herr Professor Rannenberg, die Beispiele, die Sie aufgezeigt haben, sind alles Geschäftsmodelle, die auf Kommunikation aufbauen, und zeigen eines: In dieser Welt besteht ein Trend zur Ökonomisierung. Wenn der Nutzen steigt, wird auch ein höheres Risiko in Kauf genommen. Die vorhandenen Risiken haben Sie sehr eindrucksvoll aufgezeigt. Diese müssen wir zunächst einmal im Hier und Heute bedauernd in Kauf nehmen, ich glaube aber nicht, dass jetzt jeder von Ihnen hinausgeht und als erstes sein Handy in den Mülleimer wirft. Ich nehme an, Sie werden es mehrheitlich – trotz der Ihnen vielleicht erst heute bewusst gewordenen Risiken – weiter nutzen.

Einen Aspekt sollten wir meiner Meinung nach im Auge behalten, nämlich die nüchterne Nutzen-Risiko-Abwägung, die allerdings heute wichtiger denn je ist. Dabei geht es um die Frage, welchen Nutzen dies alles für einen Schädiger hat, wie groß eigentlich die Entdeckungswahrscheinlichkeit ist. Machen wir uns nichts vor: Die Entdeckungswahrscheinlichkeit steigt sehr stark. Denn es gibt heute kaum noch eine Möglichkeit, sich total ohne Spuren in diesem Netz zu bewegen. Einen PC wie früher so zu löschen, dass sich nichts mehr auf ihm befindet, ist heute praktisch nicht mehr möglich. Man hinterlässt also jede Menge Spuren, wenn man seine kriminelle Energie auslebt. Die Schadenswahrscheinlichkeit und das Schadenspotenzial müssen insoweit nüchtern analysiert werden. Im Grunde bewegen wir uns jetzt in eine Massentechnologie hinein, die nach dem Sardinenprinzip funktioniert: Die Sicherheit des Einzelnen wächst im Schwarm. Man nimmt dabei billigend in Kauf, dass der eine oder andere an der Seite weggefressen wird, wobei das Risiko des Einzelnen letztendlich sinkt. Ich behaupte einmal: Gesellschaft denkt sehr häufig so. Das Beispiel der Mobiltelefonie zeigt mir dies.

Conclusio: Ich denke, wir werden uns in Zukunft sehr intensiv darüber Gedanken machen müssen, was eigentlich ein wirtschaftliches Sicherheitsbudget ist, und zwar wirtschaftlich im Sinne einer nüchternen Abwägung des Nutzens und der Risiken, so wie man es immer schon gemacht hat und wie dies auch von den Datenschutzgesetzen gefordert wird. Letztlich geht es um die Sicherheitsanalyse. Diese wird wichtiger denn je. Denn ich behaupte: Die Gesellschaft wird auf diese Technologie nicht verzichten. Sie wird die Risiken akzeptieren wie der berühmte Sardinenschwarm. Niemand von Ihnen wird sein Handy in den Mülleimer werfen. Ich glaube, Herr Professor, auch Sie werden früher oder später Wireless-LAN-Technologie nutzen, ob Sie es wollen oder nicht.

Prof. Dr. Friedrich von Zezschwitz,
Hessischer Datenschutzbeauftragter:

Ich nutze sie bereits, allerdings zu Hause.

Frau Prof. Dr. Claudia Eckert,
TU Darmstadt:

Natürlich kann man das so sehen. Es war auch nicht unsere Absicht, das Grauen heraufzubeschwören. Vielmehr wollten wir Bewusstsein wecken.

Entgegnen möchte ich noch etwas auf Ihre Einführung. Sie sagten, die Möglichkeit, Kommunikation abzuhören, habe schon immer bestanden; Kommunikation sei schon immer unsicher gewesen. Wir müssen uns darüber im Klaren sein, dass wir hier nicht mehr über reine Sprachkommunikation sprechen. Vielmehr geht es um vielfältige Daten, die in beliebiger Art und Weise kommuniziert werden. Es geht auch nicht nur um die Daten, die über diese unsicheren Strecken ausgetauscht werden. Das sind Dokumente, die eigentlich vertraulich sind und im Safe zu sein haben und die nun auf einmal ausgetauscht werden. Es geht um die Einfallstore, wie wir sie in der Demonstration gesehen haben, es geht darum, dass man mit diesen Technologien als Mittel zum Zweck in die Netze von Unternehmen eindringen kann. Dass hierdurch ein zusätzliches Gefahrenpotenzial gegeben ist, darf man nicht aus dem Auge verlieren, auch wenn außer Zweifel steht, dass wir diese Technologien hervorragend nutzen können und sie uns auch nutzbar machen sollten. Man kann nicht einfach sagen: Das gab es schon immer, und damit müssen wir leben. Vielmehr existiert jetzt eine neue Dimension, und das muss uns bewusst sein.

Prof. Dr. Kai Rannenberg,
Universität Frankfurt:

Ich möchte gerne eine ergänzende Bemerkung zur Schwarmtheorie machen. Herr Lemke, Sie sind ja als Staatssekretär eines größeren und finanziell reicheren Bundeslandes deanonymisiert worden.

Deutschland hat seine wirtschaftliche Stärke auch deswegen errungen, weil es sich um Infrastrukturen bemüht hat. Das ist in den letzten Jahren ein wenig in Vergessenheit geraten. Manchen Leuten ist es auch gar nicht so klar. Wir haben es bei der Bahn gesehen. Wer nach England fährt und die Bahn dort sieht, der weiß, warum man in Deutschland besser in Infrastruktur investiert.

Viele der Sicherheitsfragestellungen, die wir heute aufgeworfen haben, sind eigentlich Infrastrukturfragen. Diese kann der Markt alleine gar nicht lösen. Auch einzelne Nutzer oder Gruppen von Nutzern können diese nicht lösen, weil sie die Schwärme, die Sie gerade als Schutzmechanismus vorgeschlagen haben, gar nicht selber organisieren können. Insoweit besteht sehr wohl eine staatliche Aufgabe. Diese hat der Staat im Bereich der digitalen Signaturen durchaus wahrgenommen. Es dauert eine Weile, bis sich das alles umsetzt. Aber möglicherweise besteht an dieser Stelle eine Staatsaufgabe auch darin, Schutzinfrastrukturen für eine sichere Kommunikation der Bürger zu schaffen. Wenn es dem Staat bisher um Kommunikation ging, bestand die Staatsaufgabe aber leider eher darin, sichere Kommunikation unsicher zu machen. Ein Teil der Unsicherheiten im GSM-Netz, die Claudia Eckert vorgeführt hat, bestehen deswegen, weil Leute, nachdem das GSM-Netz einigermaßen sicher entworfen war, gesagt haben: Wir müssen aber unbedingt hineinhören können. Seitdem ist die Architektur deutlich komplizierter und weniger sicher.

Ich würde mir eigentlich in einem infrastrukturstarken Land wünschen, dass wir mehr darüber nachdenken, wie wir Infrastrukturen bekommen, die die Kommunikation von Bürgern und auch von Unternehmen, die im weltweiten Wettbewerb stehen und Industriespionage ausgesetzt sind, sicherer machen. Anderen Ländern, Dänemark z. B. ist das kristallklar. Dort wird ganz deutlich gesagt: Die Kommunikation unserer Bürger und Unternehmen zu schützen bzw. die Rahmenbedingungen dafür zu schaffen, das ist unsere Aufgabe als Staat.

Staatssekretär Harald Lemke,
Hessisches Ministerium der Finanzen:

Herr Professor Rannenberg, Frau Professor Eckert, ich möchte natürlich nicht den Eindruck erweckt haben, als ob man dies nur alles bedauernd zur Kenntnis nimmt und nicht daran arbeitet, die Risiken zu minimieren, wo man dies kann. Es geht mir nur darum, deutlich zu machen, dass man immer eine Abwägung zwischen den Chancen und den Risiken vorzunehmen hat und dass man keine Erwartungshaltung derjenigen wecken darf, die für die Informationstechnologie verantwortlich sind, und zwar dergestalt, dass man all diese Risiken auf Null reduzieren könnte. Vielmehr muss deutlich werden, dass man immer damit zu kämpfen hat. Wer diese Technologien nutzen will – sie stellen ja einen gravierenden Wirtschaftsfaktor dar – muss immer eine vernünftige Abwägung von Chancen und Risiken und von allem, was damit zusammenhängt, im Auge haben.

Darüber, dass man die Risiken weitestgehend minimieren sollte, sind wir uns einig, und dass sie heute eine ganz besondere Bedrohung und auch ein anderes Potenzial darstellen, ist klar. Wir müssen aber auf der anderen Seite auch beachten, dass der Nutzen exponentiell gestiegen ist. Das macht es eben für diejenigen, die Verantwortung dafür tragen, dass etwas gemacht wird, sehr viel schwieriger.

Herr Professor Rannenberg, über Deregulierung bzw. Regulierung können wir später noch trefflich diskutieren. Dafür ist heute Nachmittag das richtige Thema vorgesehen.

Dr. Ibrahim Kaplan,
Ingenieurkammer des Landes Hessen:

Die Payment-Systeme stellen meines Erachtens noch größere Risikopotenziale als Wireless LAN dar. Secure Electronic Transaction, SET, ist eine ziemlich sichere, geschlossene Lösung. Aber mit Prepaid-Systemen sind immer noch viele offene Fragen verbunden, auch was die Vernetzung des Kreditgeschäfts und die elektronische Börse angeht. Hierin sind Risiken verborgen, auch weil Geld in der globalen Struktur nur schwerlich als Geld zu erkennen ist. Es bestehen Anerkennungs- und Bindungsrisiken.

Außerdem ist festzustellen, dass ein gesunder Datenschutz ohne vertrauenswürdige informationstechnische Sicherheit keineswegs zu erreichen ist. Das heißt, es ist nicht damit getan, datenschutzfreundliche Technologien zu fordern. Wir sind ebenso gefordert, einen technologiefreundlichen Datenschutz an den gesellschaftlichen Bedürfnissen auszurichten. Das bedeutet: Es ist nicht damit getan, eine Technologie von vornherein abzuwehren, sondern man muss abwägen. Insoweit sind besonders die staatlichen Organisationen ausdrücklich gefordert, auch für den nicht öffentlichen Bereich Ad-hoc-Audits durchzuführen.

Zudem lautet die Kernfrage nicht, ob die eine oder andere Technologie absolute Sicherheit bietet. Heutzutage bieten die wireless Technologien durchaus gute Sicherheit an. Es kommt eben darauf an, dass Sie z. B. einen Switch oder Policy Based Routing machen oder eine inspective Firewall einbauen, sodass gewisse Sicherheitsmechanismen gegen die Angreifer vorhanden sind. Die Technologie ist vorhanden. Sicherheit ist nicht alleine von der Technologie abhängig, sondern selbstverständlich auch davon, wie Sie diese Technologie gestaltend umsetzen, wie Sie mit ihr in Ihrer Unternehmenspolicy oder Behördenpolicy umgehen.

Zum Schluss noch eine Frage an die Referenten: Wie sieht es bei den wireless Technologien mit der Gesundheitsgefährdung aus? Vielleicht liegen Ihnen hierzu Erkenntnisse vor, die Sie uns vortragen können.

Peter Büttgen,
Referatsleiter beim Bundesbeauftragten für Datenschutz:

Die Vorträge waren, was die Technik anbelangt, sehr informativ. Der Schwerpunkt des Vormittags ist ja der Technik gewidmet. Das Recht wird erst heute Nachmittag behandelt werden. Gleichwohl möchte ich im Vorgriff darauf Folgendes sagen.

Technik darf natürlich nicht Gesetze gestalten. Auch Geschäftsmodelle können Gesetze nicht gestalten. Es muss vielmehr ein Miteinander sein. Ich möchte, gerade wenn Sie von Standardisierungsvereinbarungen sprechen, die sich als langwierige Prozesse darstellen, dafür werben, dass auch die Stimme des Datenschutzes gehört wird, wenn ein Design einer neuen Technik formuliert wird und die Parameter gesetzt werden. Diese Parameter sind dann verbindlich, und das eventuell weltweit. Sie kommen nicht nur in allen McDonald's-Filialen, sondern dann in 197 Ländern zum Einsatz. Daher sollten die Privacy-Gedanken, die mittlerweile – zwar in Abschwächungen, aber weltweit – akzeptiert werden, berücksichtigt werden. Sonst haben wir immer das Problem von Hase und Igel: In welcher Rolle sehe ich mich gerade? Bin ich gerade weg und hole den anderen nicht mehr ein?

Eine weitere Bemerkung wollte ich zu den Location Based Services machen, die wir in Deutschland haben. In dieser Technologie steckt ein rechtliches Problem; denn sie hat nicht nur einen telekommunikationsrechtlichen, sondern auch einen teledienstrechtlichen Ansatz. Sie haben also, um eine Applikation, ein Geschäftsmodell, umfassend würdigen zu können, nicht nur verschiedene Gesetze zu berücksichtigen. Darüber hinaus heben auch noch verschiedene Behörden ihre Fahne hoch und möchten etwas dazu sagen. Zurzeit wird das Telekommunikationsgesetz novelliert. Es wäre sinnvoll, wenn von staatlicher Seite hier eine Einheitlichkeit geschaffen würde. Diesbezüglich ist natürlich wieder der Gesetzgeber gefordert.

Hartmut Greiser,
Deutsche Lufthansa AG, Konzern Datenschutz:

Bei dem Vortrag von Frau Professor Eckert ist auf der einen Folie auch unser Name zu sehen gewesen. Es ist darauf hingewiesen worden, dass das Thema Wireless LAN sehr aktuell ist. Sie wissen auch, dass wir das nicht nur am Boden, sondern auch im Flugzeug anbieten. Bei diesem Thema interessiert mich eines der vielen praktischen Probleme, die mit dieser Technologie verbunden sind. Dies ist eher ein administratives Problem.

Die Frage lautet: Was kann ein Nutzer, der unsere Dienste an diesen exponierten Stellen nutzt, von uns realistischerweise in Bezug auf Haftung oder Verantwortung für dieses Angebot erwarten? Wir sollten uns einmal ehrlich anschauen, was auf diesen Frequenzen hin- und herläuft. Ich glaube nicht, dass der überwiegende Teil dermaßen schützenswert ist, dass wir große Anstrengungen unternehmen müssen. Mir geht es um den Teil, der sich immer weiter verbreiten wird, also um die essentiellen Informationen, darum dass möglicherweise sogar entscheidende Bestimmungen erlassen werden, dass

Entscheidungen ad hoc getroffen werden, von denen wiederum bestimmte wichtige Dinge abhängen. Dies könnte zufälligerweise jemand mithören, und daraus könnten sich bestimmte Konsequenzen ergeben. Ich könnte mir vorstellen, dass dieser kleinere Teil des ganzen Informationswesens in dem Maße zunimmt, in dem man in der Lage ist, den Menschen klarzumachen und ihnen auch zu garantieren, dass sie sich auf einen verlassen können. Die Frage ist nur, welche gegensätzlichen Verhältnisse hierbei auftauchen und wie diese Dinge aus rechtlicher Sicht zu beurteilen sind.

Ich bin in dieser Hinsicht ein wenig hilflos, gerade weil meines Erachtens durchaus gefährlich argumentiert wird und weil die Leute verunsichert werden. Es wird gesagt: Nutze es lieber nicht, oder du musst einen fürchterlichen Aufwand betreiben, damit du es geschützt tun kannst. Nach meinem technischen Verständnis ist es mit einigem technischen Aufwand verbunden, wenn man sich irgendwo still auf eine Parkbank setzen und ganz gezielt etwas herausfischen will. Das geht gar nicht. Im Flugzeug ist es vielleicht noch möglich, wenn jemand sechs Stunden in der Kabine sitzt, die Passagierliste kennt, also weiß, wer auf welchem Platz sitzt, und zudem noch mit allem Möglichen ausgerüstet ist. Dann könnte er sich durchaus sagen: Ich weiß, was der Passagier zwei Reihen vor mir auf dieser Reise vorhat; ich bin einmal gespannt, was er konkret tut. – Vielleicht ist das ein wenig wie ein Kriminalroman aufgebaut, aber das ist alles denkbar.

Die heutige Realität sieht etwas anders aus. Wenn Sie sich in den Flughafen begeben und hoffen, dass unter den tausenden Leuten zufällig einer in der Nähe ist, der für Sie interessante Sachen macht, dann ist die Gefahr hieraus wohl nicht besonders groß. Es bedarf doch einigen Aufwandes, um innerhalb kürzester Zeit verwertbare Daten zu erhalten.

Prof. Dr. Kai Rannenberg,
Universität Frankfurt:

Ich möchte zunächst noch einmal auf die Äußerungen zu den Prepaid-Systemen und zu SET eingehen. Der Kollege hat gesagt, SET sei sehr viel sicherer als ein Prepaid-System. Bis zu einem gewissen Grade ist dies durchaus richtig. Aber warum habe ich das Beispiel des Prepaid-Systems vorgeschlagen? Weil ich eine Abwägung vorgenommen habe. Diese Abwägung ist uns gerade noch einmal nahe gelegt worden. Die Abwägung lautete: SET ist eine ausgesprochene Hochsicherheitstechnik für die Verschlüsselung von Kreditkartennummern, die in einer bestimmten Variante auch datenschutzfreundlich ist. Diese Technik ist aber beim Internethandel und auch beim sonstigen Handel einfach durchgefallen, weil sich der Handel erstens diese Investition nicht gönnen wollte, solange sie nicht staatlich vorgeschrieben wird, und weil der Handel zweitens hin und wieder ganz gerne die Kreditkartennummer des Kunden erfahren möchte. Das System SET realisiert die folgende Idee: Die Kreditkartennummer bleibt bei der Kreditkartenorganisation; sie kommt nicht zum Händler. Wenn der Händler die Kreditkartennummer nicht erfährt, dann ist er auf die Kreditkartenorganisation angewiesen, um sein Geld eintreiben zu lassen. Diese Kreditkartenorganisation hat möglicherweise eine Gebührenstruktur, die dem Händler als Mittelständler nicht gefällt.

Angesichts des gegenseitigen Misstrauens dreier Partner ist das SET-Modell, das technisch eigentlich recht charmant ist, zunächst einmal durchgefallen. Ehrlicherweise muss man auch, wenn man mit Mittelständlern gesprochen hat, ganz offen sagen: Das ist eine Variante, mit der sich die Kreditkartenindustrie Pfründe gesichert hätte, abgesehen davon, dass sie das System sicherer gemacht hat als vorher und dass es auch Datenschutz für den Kunden gebracht hat.

Das Prepaid-Modell ist natürlich lange nicht so sicher, speziell nicht das Prepaid-Modell, das wir hier behandelt haben. Es wird vermutlich auch nur für wesentlich kleinere Zahlungen verwendet und stellt im Übrigen einen typischen Kompromiss dar, indem man sagen kann: Ich möchte eine Zeitung, die ich früher anonym gekauft habe, auch weiterhin anonym kaufen. Deswegen gehe ich mit zwei Euro in der Tasche zum Zeitungskiosk. Wenn ich diese zwei Euro unterwegs verliere, weil sie mir in den Gully fallen, ärgert mich das zwar, aber ich kann es mir leisten, zwei Euro zu verlieren. So ähnlich sieht die Größenordnung bei den Prepaid-Modellen auch aus. Bei diesen Modellen besteht eben keine perfekte Sicherheit, dass ich mein Geld zurück erhalte, genauso wie beim Bargeld.

Ich habe dieses Thema aus folgendem Grunde so hoch gehoben. Die Option zu sagen: Ich will anonym bleiben; ich verliere vielleicht ein bisschen Geld, wenn es mir in den Gully fällt oder sonst unglücklich abhanden kommt, habe ich bislang nur in der physikalischen, nicht aber in der elektronischen Welt von Internet und Mobilkommunikation.

Damit kommen wir zur Standardisierung. Ich habe mit Freude vernommen, dass sich der Bundesdatenschutzbeauftragte stärker an der Standardisierung beteiligen möchte. Ich nenne Ihnen sofort zwei Gremien, in denen ich morgen gerne einen Vertreter des Bundesdatenschutzbeauftragten sehen möchte, der mit mir dorthin kommt. Wenn ich dort sage, es geht technisch auch anders, dann fragen manche Vertreter: Besteht denn eine Nachfrage danach? In solchen Fällen säßen wir dann zu zweit in dem entsprechenden Gremium. Ich weiß, dass das nicht so einfach ist. Sie müssen Ihre Dienstreisen auch beantragen. Aber hier geht es derzeit eindeutig ums Geld. Gegenwärtig findet in einem nicht regulierten Bereich viel Standardisierung statt. Das ist auch gut so; sonst würde es wirtschaftlich nicht vorangehen. Aber die Sicherheits- und Datenschutzinteressen sind selten direkt mit den finanziellen Ressourcen, in solchen Standardisierungen Datenschutz zu betreiben, gekoppelt.

Ich habe das erlebt. Ich habe Datenschutz und Standardisierung vertreten und habe dies mehr oder weniger als Hobby betreiben müssen, mit ein wenig wissenschaftlicher Finanzierung, die man an Land ziehen konnte. Es ist nicht so, dass die Gremien nicht vorhanden wären, aber der Datenschutz ist an dieser Stelle schlicht unterfinanziert.

Zum Schluss noch etwas zum Thema Lufthansa. Ich nutze gerne die Wireless LAN, die Sie in Ihren Lounges anbieten. Gegenwärtig möchte ich von Ihnen eigentlich nichts anderes, als dass Sie mir das Wireless LAN problemlos anbieten, und wenn es unsicher ist, dann sei es in Gottes Namen unsicher. Denn ich erwarte nicht von der Lufthansa, dass sie mein Telecom-Provider ist. Wenn mir die Lufthansa z. B. eine Stromsteckdose anbietet, dann stelle ich auch selber sicher, dass mein Gerät, mit Überspannungsschwierigkeiten, die es vielleicht bei der Lufthansa gibt, klarkommt. Das ist quasi Teil des Gebäudes. Das ist okay so. Wenn ich einen Dienst haben will, der mich rundherum beschützt, dann kaufe ich mir diesen beim Telekommunikationsanbieter.

Will heißen: Ich nutze Ihre Wireless LANs gerne, und solange dies nicht mit irgendwelchen Restriktionen verbunden ist. Und solange klar ist, dass dies ohne Garantie geschieht, empfinde ich das als einen Superservice. In dem Moment, in dem jemand versucht, in das Betreiber-Business einzusteigen, Einschränkungen vornimmt und für Geld eine bestimmte Sicherheit bietet, muss er im Prinzip die ganze Telekommunikationsindustrie neu erfinden.

Das ist auch das Problem, das die Wireless-LAN-Freunde haben. Dafür braucht man zehn bis 15 Jahre, und damit hat man eine Menge zu tun. Ich sage einmal: Die Wireless-LAN-Lounges sollten am besten so bleiben wie sie sind, und es sollte ein großes Schild angebracht werden, auf dem steht: Hier surft man auf eigene Gefahr. Dann gibt es auch genug, die das mit Freude nutzen.

Prof. Dr. Claudia Eckert,
TU Darmstadt:

Ich möchte auch noch ein paar Anmerkungen machen, insbesondere in Bezug auf Wireless LAN an den Hotspots und auf die Frage, welche Angreifertypen man sich vorstellen kann, die in dieser Zeit schon Informationen abgreifen.

Herr Etrich hat darauf hingewiesen, dass es nicht nur darum geht, die Daten, die über das Funknetz übertragen werden, abzuhören und dann zu harren, ob etwas Interessantes übertragen wird. Wenn man sich aktiv in einem solchen Wireless LAN befindet und wenn kein Schutz – auf den einzelnen Laptops z. B. – aktiviert ist, kann man, wenn die Laufwerkfreigaben vorhanden sind, einfach auf die Laufwerke des anderen Rechners zugreifen. Man muss gar nicht warten, dass dort interessante Daten übertragen werden, sondern man kann selber in diesem anderen Rechner herumschnüffeln. Man sitzt in den Lounges. Dort sind viele Geschäftsleute, die sich ihre Zeit vielleicht mit etwas anderem vertreiben, aber sie haben die Daten auf ihren Geräten, und diese Daten muss man eben schützen.

Ich bin aber auch der Auffassung von Herrn Rannenberg, dass es nicht Ihre Aufgabe als Lufthansa ist, Wireless-LAN-Nutzern diese Schutzmaßnahme anzubieten. Die Sicherheitspolizisten der Firmen müssen vielmehr entsprechende Maßnahmen auf den Gerätschaften integrieren.

Ich möchte auch noch kurz auf die Frage der Gesundheitsrisiken all dieser Funkverbindungen zurückkommen. Meines Wissens gibt es eine Menge von Studien, die untersucht haben, welche gesundheitlichen Schäden durch die Funksignale auftreten könnten. Bis jetzt gibt es aus meiner Sicht keine Ergebnisse dahingehend, dass diese gesundheitsgefährdend sind. Problematisch ist allerdings, dass all diese Dinge wie Wireless LAN und Bluetooth auf einem Frequenzband funken, das auch andere, und zwar medizinische Geräte verwenden. Auf diesem Weg kann es natürlich zu Problemen kommen. Deswegen ist es ja auch in Krankenhäusern und dergleichen untersagt, mit solchen Technologien zu arbeiten, um medizinische Gerätschaften nicht zu stören. Es könnte zu Interferenzen kommen, auch mit der Mikrowelle, aber das ist wieder etwas anderes. Dieser Bereich ist durchaus problematisch. Hierauf muss man achten. Aber sonstige gesundheitliche Schäden sind mir nicht bekannt.

Matthias Etrich,
ITC-Security T-Systems Nova GmbH, Darmstadt:

Ich möchte ebenfalls eine kleine Anmerkung machen, und zwar zu der Frage, wie ich aus der Menge von Informationen diejenigen herausfinde, die für mich wertvoll sind. Das ist eigentlich überhaupt kein großes Problem mehr. Das ist nur eine Frage, wie gut ich mit dem Werkzeug umgehen kann und welche Werkzeuge ich überhaupt verwende. Wenn ich genügend Zeit habe, erhalte ich eigentlich alle Informationen, die ich brauche, und kann sie – möglicherweise später – in aller Ruhe auswerten.

Ich möchte mich auch noch zu der Bemerkung äußern, man sollte vielleicht mehr auf die Sicherheits-Policy achten. Ich würde sagen, für einen Security-Consulter ist es das Paradies, wenn ich sage: Jedes Unternehmen möchte zunächst einmal eine Sicherheits-Policy haben, auf der Basis der Sicherheits-Policy wird dann auch nur die Technik, die notwendig ist, verwendet, und es werden auch nur die Investitionen getätigt, die notwendig sind. Es wäre sehr schön, wenn dies immer so wäre. Aber häufig hat es einfach bereits Entscheidungen gegeben, diese oder jene Technik einzusetzen, und dann muss man für die eingesetzte Technik auch eine Lösung finden.

Das ist genau der Zustand, den wir zurzeit haben. Es ist überhaupt kein Problem, mit Wireless LAN zu arbeiten. Ich z. B. möchte überhaupt nicht darauf verzichten. Insoweit stimme ich Herrn Professor Rannenberg und auch Frau Professor Eckert zu. Nur, ich muss dann immer auch entscheiden, wie ich damit umgehe. Insoweit ist es sehr wohl ein technologisches Problem, weil diese Technik bereits existiert.

Peter Büttgen,
Referatsleiter beim Bundesbeauftragten für Datenschutz:

Lieber Herr Rannenberg, Ihre Einladung nehme ich gerne an. Wir können in der Pause die Einzelheiten besprechen. Es ist ja auch Sinn einer solchen Veranstaltung, sich kennen zu lernen und dann wirklich einmal Wirkung zeigen zu können.

Ansonsten möchte ich noch etwas zu den Location Based Services sagen. Sie hatten als Beispiel die Situation geschildert, dass ich irgendwo vorbeigehe, und dann wird mir von McDonald's eine Nachricht gesandt: McDonald's ist 100 m weiter; gehe hinein; es ist ganz billig für dich. Man muss natürlich fragen, wie man das ausgestaltet. Es gibt so genannte Push-Dienste, d.h., das Angebot wird auf Ihr Handy gesprochen bzw. Dienste werden per SMS angeboten. Es gibt aber auch die Pull-Dienste. Das bedeutet, dass Sie selber Herr eines solchen LBS sind, in dem Sie sagen: Heute will ich wissen, wo sich der nächste McDonald's befindet bzw. ob es bei McDonald's etwas Neues gibt. Diese sehr unterschiedlich zu bewertenden Push- und Pull-Dienste sind die eine Sache. Sie beschreiben ausschließlich das Verhältnis zwischen dem Nutzer dieser Dienste und dem Diensteanbieter. Wir haben aber datenschutzrechtlich eine ganz andere Problemzone entdeckt, nämlich die des Nutzers und des Betroffenen. Nehmen Sie Fleet-Management-Programme. Ein Spediteur versorgt seine Fahrer mit Handys, und ohne sie zu informieren macht er so etwas wie Web-Fleet. Er kann also immer abgreifen, wo sich seine Leute gerade befinden. Damit haben wir nicht nur das klassische Konfliktpotenzial zwischen Anbieter und Nutzer, die Sie angesprochen haben. Auch innerhalb der Nutzung solcher LBS kann es durchaus zu datenschutzrechtlichen Verwerfungen kommen, die ebenfalls berücksichtigt werden müssten. Denn dort ist leider der Datenschutz nicht so ausgeprägt, wie im Bereich des TK-Rechtes oder des Teledienste-Rechtes.

Eine allerletzte Anmerkung noch zur Lufthansa. Was die Lufthansa alles machen muss, um Schadenersatzansprüche zu vermeiden, weiß ich gar nicht. Eines ist sicher: Die Hotspots der Lufthansa machen sie zu einem TK-Dienste-Anbieter. Ich gehe davon aus, dass die Lufthansa die einschlägigen Regelungen des TKG beachtet. Was darüber hinaus noch zu beachten ist, weiß ich nicht. Aber hier sind wir in einem Datenschutzforum. Deswegen möchte ich noch einmal klarstellen: Das müsste schon geleistet werden.

Prof. Dr. Friedrich von Zezschwitz,
Hessischer Datenschutzbeauftragter:

Herr Büttgen, dahinter steht ein ganz allgemeines Problem. Überall, wo Netze aufgebaut werden, funk- oder drahtgebunden, kann der Betreiber sie einem Dritten zur Verfügung stellen, sei dies ein Arbeitgeber, die Lufthansa, oder ein Flughafen. In allen diesen Fällen ist das TKG zu beachten. Die Betreiber werden, neudeutsch gesagt, Provider, und müssen folgerichtig alle datenschutzrechtlichen Anforderungen des Telekommunikationsrechtes erfüllen. Insbesondere darf nichts gespeichert werden, soweit dies nicht zur Abrechnung oder Missbrauchskontrolle erforderlich ist. Die Lufthansa bietet diesen Dienst umsonst an, darf also überhaupt nichts speichern. Ich glaube, die wenigsten Betreiber solcher offenen Netze sind sich bewusst, dass sie diese strengen Anforderungen erfüllen müssen. Probleme treten insbesondere auf, wenn private Mitnutzungen in firmen- oder behördeneigene Netze eingebunden sind, da Firmen- und Behördennachrichten umfänglicher Speicherung zugeführt werden müssen und maschinell nicht unterschieden werden kann, ob notwendige oder unerlaubte Speicherungen stattfinden.

Peter Büttgen,
Referatsleiter beim Bundesbeauftragten für Datenschutz:

Vielleicht noch eine Anmerkung. Gerade die Lufthansa ist ein gutes Beispiel. Stellen Sie sich vor, es wird gefragt: Wer hat am 11. September 2001 in welcher Lounge über welchen Hotspot was im Internet gemacht? Technisch sind diese Daten ja vorhanden. Bits und Bytes gibt es nun einmal. Wie also sehen z. B. die Löschroutinen aus? Wird vielleicht irgendein Hotspot-Betreiber auf einmal zum Hilfssheriff von Strafverfolgungsbehörden? Wir haben das praktische Problem, dass diese Daten, um die Dienste überhaupt generieren zu können, um als Dienste überhaupt realisierbar zu sein, vorhanden sind. Insoweit muss ich, wenn ich etwas anbiete, auch immer fragen: Wie lösche ich diese Dinge?

Prof. Dr. Kai Rannenberg,
Universität Frankfurt am Main:

Zunächst einmal herzlichen Dank für die Präzisierung des Szenarios bezüglich des Arbeitnehmerdatenschutzes und der Betroffenen im Fleet-Management. Ich hatte dieses Problem aus Zeitgründen nur ganz kurz gestreift. Insoweit besteht zwischen uns überhaupt kein Dissens. Was die Lufthansa angeht, habe ich mich vor allem darauf bezogen, dass ich von ihr nicht unbedingt erwarte, dass sie die Inhalte meiner Kommunikation für mich schützt. Davon, dass sie ansonsten möglichst wenig von mir speichert, bin ich ausgegangen. Das ist für sie eigentlich auch das Einfachste. An dieser Stelle ist, wie gesagt, vermutlich auch die Lufthansa gar nicht das Problem, sondern jemand, der meint, dass er sich, weil ich über die Lufthansa-Lounge kommuniziert habe, erkundigen muss, was ich dort getan habe. Die Lufthansa ist insoweit wirklich in der Zwickmühle. Sie hat es nicht einfach.

Was die Standardisierung angeht, werden wir uns sicherlich noch einig werden.

Sie sind auch auf die Pull- und Push-Dienste eingegangen. Dies ist eine spannende Frage. Man lässt den Kunden mithilfe eines Pull-Dienstes nur noch das holen, was er haben will, und Push-Dienste verbietet man, oder Push-Dienste nimmt nur noch derjenige, der sie haben will. – Diese Lösung sieht auf den ersten Blick einfach aus. Man sagt: Jeder entscheidet für sich selbst. Entwickeln werden sich aber Kombinationen aus diesen Pull- und Push-Diensten und auch Kombinationen aus freundlichen Angeboten eines Netzbetreibers, bestimmte Werbung anzunehmen und bestimmte Informationen preiszugeben, um einen Service dafür billiger zu erhalten.

Nun kann man sagen, dies sei ganz normale Marktwirtschaft. Ich kann Ihnen erläutern, was sich insoweit gerade entwickelt. Die Zugänge in mobile Netze sind ja für manche Leute durchaus teurer als in Festnetze. Das könnte man zu subventionieren versuchen. Beispielsweise könnte McDonald's einen Teil meiner Mobilkommunikation subventionieren. Die Geschäftsmodelle und die Techniken dazu entstehen gerade. Das macht auch Sinn. Irgendwo muss ich mich dann als Kunde eines Betreibers selbst verwalten und sagen, wer welche Daten dafür erhalten darf, dass er mir meine Kommunikation sponsert. Damit habe ich auf einmal Pull- und Push-Dienste gemischt, und zwar nicht nur deswegen weil ich als Techniker Pull- und Push-Dienste mischen wollte, sondern weil das Geschäftsmodell an der Stelle zum Fliegen kommen kann, Leute eine Subvention erhalten und dieses Modell dann auch wirklich nutzen.

Die spannende Frage lautet: Lassen wir das einfach so laufen nach dem Motto: Der Markt wird es schon regeln; wer seine Daten verkauft, verkauft eben seine Daten? Oder haben wir es mit einer Datenschutzfrage zu tun, die sich früher schon des Öfteren gestellt hat? Manchmal muss der Datenschutz die Kleinen ein wenig vor den Großen in Schutz nehmen, weil die Großen eine Profi-Abteilung unterhalten und ihre Rechte ganz genau kennen, während die Kleinen natürlich keine Profi-Abteilung besitzen und sich mit den 30 Formularen zur Einwilligung selber herumschlagen müssen und, damit sie den Dienst endlich bekommen, dreimal „Ja" drücken.

Das ist, so denke ich, das Szenario, das wir gegenwärtig haben. Aus diesem Grunde wird noch einige Arbeit in die Frage investiert werden müssen, wie ich eigentlich in einer Weise einwillige, so dass ich hinterher nicht bereue, eingewilligt zu haben.

Hans-Walter Fritsch,
Uniklinikum Marburg:

Ein Aspekt ist meines Erachtens zu kurz gekommen. Frau Professor Eckert hat ihn gerade in einem Nebensatz angesprochen: Der Gegner hat Zugriff auf meinen Rechner. Er kann die Festplatte durchsuchen. Sie, Herr Professor Rannenberg, haben vorhin vom Surfen auf eigene Gefahr gesprochen.

Noch eine Bemerkung zu meinem Vorredner von der Lufthansa. Welche wichtigen Daten gehen über diese Leitungen? Die meisten Daten sind nicht wichtig. Wichtig ist aber, dass mein Rechner offen ist. Mein Rechner ist angreifbar. Der potenzielle Angreifer kann meine Daten ausspionieren, aber nicht nur das. Ich erinnere an Lovesan, an diesen Wurm, auch an Loveletter, diesen E-Mail-Virus. Bei Loveletter musste ich aktiv werden und die E-Mail öffnen. Lovesan hingegen hat meinen Rechner angegriffen. Ich habe einen Rechner, der nicht sicher war, und ich selber diene anschließend wiederum als Angreifer im Netz. Diese Sicherheitsaspekte müssen, weil sie auch Datenschutzaspekte sind, ebenfalls beachtet werden. Ich bin Parkbank-Surfer, setze mich bei schönem Wetter draußen in den Schlosspark, mache mein Notebook auf und habe mir sofort einen Virus eingefangen. Herr Etrich kann es sicherlich bestätigen: Es ist relativ einfach, einen Rechner auf diese Art und Weise zweckzuentfremden. Damit besteht ein Problem in Bezug auf den Sicherheitsaspekt.

Staatssekretär Harald Lemke,
Hessisches Ministerium der Finanzen:

Einen Aspekt, der vorhin bereits angesprochen wurde, möchte ich noch einmal besonders hervorheben, weil er mir im Hinblick auf den Aufbau unserer Infrastrukturen sehr am Herzen liegt. Der Wert der mobilen Infrastruktur, ihre Bedeutung wird zunehmen. Vor allen Dingen für den Nutzer bodengebundener Infrastrukturen ist nicht immer deutlich, ob sich nicht irgendwo dazwischen etwas Mobiles befindet. Ich nenne nur das Stichwort der Richtfunkstrecke. Vor diesem Hintergrund gewinnt die sichere Ende-zu-Ende-Verbindung immer mehr an Bedeutung. Ich müsste also – insoweit zu Ihrer Bemerkung hinsichtlich des mobilen Surfens –, wenn ich heute auf der Parkbank meinen PC aufklappe, grundsätzlich davon ausgehen, dass ich durch vermintes, ungesichertes Gelände gehe und mich zunächst einmal selber schützen muss. Ich denke, insoweit wird in den nächsten Jahren, ob mobil oder fest, der Schutz von Geräten eine Rolle spielen. Wir können, wie gesagt, nie sicher sein, dass nicht vielleicht doch eine offene Schnittstelle dazwischen ist. Das Ende-zu-Ende-Verschlüsseln gewinnt also zunehmend an Bedeutung. In diesem Zusammenhang – Sie sprachen das Thema Infrastrukturen an – halte ich eine Public-Key-Infrastruktur und eine digitale Signatur und Verschlüsselung Ende zu Ende für ganz wichtig. Es würde mir sehr daran liegen, dass sich alle Verantwortlichen, insbesondere Landesdatenschützer und Bundesdatenschützer und alle Verantwortlichen in der Telekommunikationsindustrie, wirklich darauf konzentrierten, das Thema der digitalen Signatur wesentlich stärker, als dies heute der Fall ist, im Bewusstsein der Öffentlichkeit zu verankern. Hierin sehe ich einen ganz wesentlichen Punkt, um unsere Infrastrukturen sicherer zu machen, als sie es heute sind.

Prof. Dr. Friedrich von Zezschwitz,
Hessischer Datenschutzbeauftragter:

Wobei ich hinzufügen möchte: Die kommende Novelle zum TKG, von der Herr Büttgen berichtet hat, sollte in der Tat vorsehen, dass die Lücken – etwa von Knoten zu Knoten, wo derzeit nicht verschlüsselt wird, sondern wo Klardaten übertragen werden – geschlossen werden. Man muss auch im Binnenbereich der Kommunikationssysteme durch gesetzliches Gebot vorschreiben, dass verschlüsselte Übertragungen das allein Zulässige sind. Hierdurch entsteht ja kein großer Aufwand. Es handelt sich um Varianten der bisherigen Technik, die einfach zu realisieren sind. Ich glaube, die Gesellschaft hat, ob als Gesetzgeber oder als diejenigen, die Datenschutz ex officio betreiben, eine Menge in der Hand, um die Lücken, die von Frau Eckert und den Herren Referenten aufgezeigt worden sind, auf relativ einfache Weise zu schließen.

Prof. Dr. Kai Rannenberg,
Universität Frankfurt am Main:

Ganz kurz noch: Surfen aus dem W-LAN-Netz auf eigene Gefahr – ich nenne nicht noch einmal denjenigen, der es freundlicherweise kostenlos zur Verfügung stellt; es könnte ja auch irgendein anderer sein – heißt natürlich auch, dass der Mensch, der da auf eigene Gefahr surft, tunlichst eine Firewall installiert und aktualisiert haben sollte. Wer es sich nicht zutraut, mit seinem Laptop so etwas zu machen, der sollte sich auch von einem Wireless-LAN-Access-Point fernhalten oder sollte sich von seiner Firma oder Organisationseinheit eine Firewall und ein virtuelles privates Netzwerk zur Verfügung stellen lassen. – Das meinte ich mit Surfen auf eigene Gefahr. Deswegen würde ich trotzdem die Lufthansa nicht darauf verpflichten wollen, dass sie dies alles für mich tut, wenn sie schon so freundlich ist, mir einen Access Point zur Verfügung zu stellen.

Ich höre gerne, dass diese Infrastrukturen in Hessen jetzt gefördert werden. Wir sind da Hand in Hand, wissen aber: Wir brauchen noch eine ganze Menge Geld dafür. – Sie haben es, höre ich. Wunderbar.

Staatssekretär Lemke,
Hessisches Ministerium der Finanzen:

Wir beginnen damit, und zwar gemeinsam mit dem Unternehmen T-Systems. Denn das ist letztendlich eine gemeinsame Aufgabe von Staat und Industrie.

Prof. Dr. Friedrich von Zezschwitz,
Hessischer Datenschutzbeauftragter:

Ich danke den Referentinnen und Referenten des Vormittags und Ihnen allen für die interessante Diskussion. Ich hoffe, Ihnen wurden neue Einblicke und Fingerzeige für Abhilfestrategien gewährt. Es ist unumgänglich, immer wieder alte Ängste neu zu formulieren, um den täglich neu entstehenden Gefahren für die informationelle Selbstbestimmung, für Betriebs- und Behördengeheimnisse begegnen zu können.

Dr. Joachim Rieß,
DaimlerCrysler AG:

Mobilitätsprofile – eine neue Herausforderung für den Datenschutz?

Meine Damen und Herren, das Automobil ist heute schon einige Male erwähnt worden. Das Automobil ist geradezu ein Symbol für Mobilität, auch wenn sich die Risiken, über die wir sprechen, natürlich nicht nur auf das Automobil beziehen, sondern auf alle Bewegungsformen, bei denen ich entsprechende Geräte mitführe.

Ich bedanke mich sehr, dass heute auch ein Datenschützer aus dem betrieblichen Bereich eingeladen worden ist, um aus einer eher pragmatischen Sichtweise zur rechtlichen Bewertung vorzutragen.

DaimlerChrysler stellt sich dieser Thematik schon seit längerem. Es wurden Forschungsprojekte der Gottlieb-Daimler-Stiftung durchgeführt. Herr Professor Rannenberg hat auch an einem solchen Forschungsprojekt teilgenommen. Dieses Forschungsprojekt unter der Leitung von Herrn Professor Müller befasste sich mit der Frage, wie man mehrseitige Sicherheit in einer mobilen Welt in Technologie umsetzen kann. Dies ist also ein Thema, das uns grundsätzlich beschäftigt.

Nun bin ich von Ihnen gebeten worden, die juristischen Aspekte darzustellen. Als Jurist neigt man dazu, strukturkonservativ an solche Themen heranzugehen. Das heißt, man fragt zunächst einmal, welche Sachverhalte existieren, auf die man die bestehenden rechtlichen Regelungen anwenden könnte. Ich will darstellen, welche Telematikdienste bereits auf dem Markt erprobt werden. Ich spreche also weniger über die zukünftigen Telematikdienste, sondern über die Erfahrungen mit denjenigen, die bereits im Einsatz sind.

Ich möchte Ihnen also folgende Dienste vorstellen: dynamische Zielführung, Notruf, Telediagnose, Tracking, mobile Contentdienste und schließlich als eine öffentliche Infrastruktur das Mautsystem als ein Infrastruktursystem zwischen Staat und privaten Betreibern.

Dynamische Zielführung

Beginnen wir mit der dynamischen Zielführung. Was haben wir dort technikseitig? Wir haben eine satellitengestützte Positionsbestimmung. Nicht das Fahrzeug wird also vom Satelliten geortet, sondern das Fahrzeug ortet die Satelliten und stellt dann seine eigene Position fest. Von der Datenschutzseite ist dies einfacher. Die Positionsdaten werden im Fahrzeugendgerät verarbeitet.

Dynamische Informationen erhalte ich auf diesem Weg nicht. Will ich dynamische Informationen bekommen, dann muss ich mich über einen Serviceprovider in ein anderes Netz begeben. Mittlerweile gibt es eine Reihe von Diensten, die meine Position feststellen und mir über diese Positionsfeststellung genau die Verkehrsdaten zu dem Verkehrsumkreis nennen, in dem ich mich gerade bewege. Dieser Dienst wird auch von den Mobilfunkanbietern angeboten. Sie teilen mir dann über die Ortung meines Handys für den

Umkreis, in dem ich mich gerade bewege, mit, welche Verkehrsmeldungen, Hotels, Kinos und Ähnliches es in der Umgebung des Standortes gibt.

Als neues Element kommt nun hinzu, dass man versucht, bessere Verkehrsdaten zu gewinnen. Sie kennen das alle: Der Stau, der im Verkehrsfunk gemeldet wird, ist schon aufgelöst. Oder umgekehrt der Stau, in den man hineinfährt, wird erst nach einer halben Stunde gemeldet. Die Informationen kommen also zu langsam. Deshalb versucht man, im fließenden Verkehr Daten zu erheben, um ein aktuelleres Bild über die Verkehrssituation zu erhalten und genauere kurzfristige Prognosen stellen zu können. Das geschieht zum einen mithilfe der Sensoren, die Sie heutzutage an den Autobahnbrücken sehen. Sie arbeiten mit Sonnenenergie und führen Verkehrsmessungen der Fahrzeugeinheiten durch. Zum anderen kann dies über sogenannte Floating Car Data erfolgen, die von Fahrzeugen an eine Verkehrszentrale gegeben werden. Zur Zeit erfolgt dies im Test von Fahrzeugen, in die eine Head Unit eingebaut ist, allerdings völlig ohne Bezug zu dem Fahrzeug. Es sind sozusagen reine Positionsangaben. Ich kann dabei nicht auf irgendein Fahrzeug schließen, sondern erhalte nur die Nachricht: zehn oder 20 dieser Fahrzeuge, die solche Daten aussenden, bewegen sich im Streckenabschnitt X. Wenn man eine hinreichende Anzahl solcher Fahrzeuge im fließenden Verkehr hat, kann man die Staubildung früher berechnen. Diese sogenannten Floating Car Data gehen zu einem Telematikprovider, der sie auswertet und diese Informationen dann wieder über verschiedene Kanäle zum Fahrer zurückgibt, sei es per Rundfunk mit den verschiedenen Verkehrskanälen, sei es via Mobiltelefon, Internet oder über Verkehrsleitsysteme.

Dieses Verfahren der Floating Car Data kann anonym gestaltet werden. Bei den anderen Systemen, bei denen standortbezogene Verkehrsinformationen zu mir ins Fahrzeug gesendet werden – sei es per Internet oder Mobilfunk –, bedarf es einer Positionsübermittlung aus dem Fahrzeug heraus. Die Position muss festgestellt werden, um mir beispielsweise ortsbezogene Mitteilungen machen zu können. Da es sich meist um kostenpflichtige Leistungen handelt, ist eine Identifikation und eine Verarbeitung der Positionsdaten erforderlich. Dies hat datenschutzrechtliche Implikationen.

Notrufsysteme

Dieser Notruf – bei uns heißt das Produkt TELEAID - funktioniert folgendermaßen: Wenn in einem Fahrzeug bestimmte Bremsvorgänge eingeleitet und der Airbag ausgelöst werden, wird automatisch auch ein Notruf zur nächsten Notfallzentrale gesendet. Diese leitet dann die entsprechenden Rettungsmaßnahmen ein. Dabei muss der Fahrer gar nicht mehr das Telefon oder irgendeinen Knopf im Fahrzeug betätigen. In dem Moment, in dem diese Faktoren ausgelöst werden, wird der Notruf abgesetzt und es erfolgt eine Positionsfeststellung über GPS. Die Positionsdaten werden an die Notfallzentrale versendet und dann können die entsprechenden Rettungsmaßnahmen eingeleitet werden. Es geht um die Verkürzung der Rettungszeiten und natürlich um die Erhöhung der Überlebenswahrscheinlichkeit bei Unfällen. Denken Sie an Unfälle nachts auf der Landstraße, bei denen der Verletzte erst am nächsten Morgen gefunden wird.

Datenschutzrechtlich stellen sich hierbei aber durchaus einige Gestaltungsfragen. Das beginnt bei der Angabe von Daten bei Abschluss des Vertrages. Dies ist üblicherweise über den Vertragszweck und damit über § 28 BDSG gedeckt. Zusätzlich kann ich auch die Personen angeben, die im Fall eines Unfalls benachrichtigt werden sollen. Und ich kann auch Angaben über meine behandelnden Ärzte machen, die möglicherweise wichtige lebensrettende Informationen haben. Das alles muss ich nicht eintragen. Wenn ich das eintrage, muss ich aber auch sicherstellen, dass die betreffenden Personen eingewilligt haben.

Die Angabe von Gesundheitsdaten ist in der Praxis nicht allzu wirkungsvoll, da es nicht so viele gesundheitliche Daten gibt, die im Rettungsfalle wirklich relevant sind. Der Arzt muss sich am Unfallort immer selber ein Bild machen, zumal der Fahrer nicht identisch mit dem Besitzer sein muss.

Tracking

Beim Tracking wird auch das satellitengestützte Navigationssystem genutzt. Die Position des Fahrzeugs wird bestimmt, und zwar ausgelöst durch einen Notruf aus dem Fahrzeug. Durch denjenigen, der das Fahrzeug bedient, kann also, z. B. zur Einleitung polizeilicher Maßnahmen, die Position des Fahrzeugs bestimmt werden.

Dies wird nur in Taxen eingesetzt. Man kann über dieses System – das ist mit der Versicherungswirtschaft schon erprobt worden – aber auch den Diebstahlschutz verbessern, indem man gestohlene Fahrzeuge orten kann. Das geht bis zur Außerbetriebsetzung des Fahrzeugs. Dies ist technisch möglich und erprobt. Das Außerbetriebsetzen, das aktive Eingreifen in ein Fahrzeug, ist natürlich ein erheblicher Eingriff, auch wenn er nicht bedeutet, dass ein Fahrzeug auf der Autobahn aus der Fahrt heraus gestoppt wird. Es kann so gesteuert werden, dass das Fahrzeug nach dem nächsten Abstellen nicht wieder in Betrieb gesetzt werden kann. Auch hier kann es Situationen geben, in denen es für die Umgebung bedrohlich sein kann, einzugreifen. Mit der Frage, wann solche technischen Mittel, die vorhanden sind, eingesetzt werden dürfen, muss sich auch der Gesetzgeber auseinander setzen. Hier besteht also rechtlicher Gestaltungsbedarf sowohl für den Eingriff in das Fahrzeug als auch in Bezug auf die Datennutzung für staatliche Ermittlungen.

Telediagnose

Ein Zukunftsthema ist derzeit noch die Telediagnose von Fahrzeugen. Im Bereich Nutzfahrzeuge wird ein lernendes System zur Früherkennung von Schäden entwickelt. Die realen Belastungsdaten aus der Nutzung der Nutzfahrzeuge sollen zurückgespielt und für die Optimierung der Fahrzeuge nutzbar gemacht werden können. Das soll so weit gehen, dass man die Kundendienstmaßnahmen ganz individuell anpasst. Insoweit könnte man im Einzelfall steuern, wann ein bestimmtes Fahrzeug zum Kundendienst muss.
Darauf kann man natürlich weitere Dienste aufsetzen bis hin zu Mitteilungen an die Eigentümer der Nutzfahrzeuge, wie die Belastungsdaten für das Fahrzeug aussehen, wie die Nutzungsdaten aussehen usw. Datenschutzrechtliche Voraussetzung hierfür ist – auch an diesem Thema arbeiten wir – dass diese Systeme möglichst anonym gestaltet werden, so dass die Nutzungsprofile, die dabei entstehen – dabei handelt es sich beispielsweise um das Bremsverhalten, um die Geschwindigkeit und um den Verbrauch – es gar nicht erst erlauben, einen Personenbezug herzustellen.

Informationsangebote an den Fahrer

Das Mercedes-Benz-Portal enthält Informationen für den Fahrer, beispielsweise Wettervorhersage, Staumeldungen, Routenplaner, aber auch Blumenservice und Ähnliches. Das geht bis hin zu Office-Diensten wie beispielsweise Adressbüchern, die der Kunde auch über das Internet pflegen kann. Sein Adressbuch, das er über das Internet pflegt, kann der Kunde dann über dieses Portal sowohl zu Hause als auch im Fahrzeug nutzen. Damit ist das Problem des Telefonierens im Auto, des Herausfindens der Telefonnummer, des Eintippens usw. besser gelöst. Der Kunde kann seine Adressen von zu Hause eingeben, kann sie zu Hause am Rechner nutzen, kann über dieses Portal auf dasselbe Adressfile auch im Auto zugreifen und es direkt nutzen, um beispielsweise die Namen anzutippen und zu wählen. Diese Daten kann er im Fahrzeugdisplay sehen und braucht das Ganze nur über das Lenkrad zu steuern.

Hier haben wir verschiedene Nutzungsmöglichkeiten. Zum einen gibt es einen rein anonymen Zugang für Interessenten. Es werden keine Daten über die Nutzung gespeichert. Interessenten und auch Kunden können sich des Weiteren registrieren lassen und darüber Dienste nutzen und das Portal so konfigurieren, dass es ihren Bedürfnissen entspricht.

Die Einwilligung des Kunden ist für die Gestaltung all dieser Dienste ganz wichtig. Es handelt es sich dabei um Abonnementdienste, weil wir - genau wie beim Mobilfunk - noch nicht die Möglichkeit sehen, diese Einwilligung über das Display zu gestalten. Sie können sich vorstellen: Sie geben dort irgendetwas ein. Damit ist eine Datenverarbeitung verbunden. Nun werden Sie beim Fahren gefragt, ob Sie möchten, dass diese Daten für diese und jene Zwecke weiterverarbeitet werden. Zunächst einmal müssen Sie eine Klausel lesen, die, bei allem Wohlwollen, zumeist juristisch kompliziert ist, zweitens müssen Sie entscheiden, ob Sie das wollen, und dann müssen Sie noch einwilligen. Dieser Prozess ist beim Fahren schlichtweg nicht möglich und ist auf dem kleinen Display im Übrigen auch schwer umzusetzen. Das ist ähnlich wie beim Handy-Display. Herr Rannenberg hat dies bereits angesprochen. Zur Zeit werden diese Dienste deshalb noch als Abonnement angeboten. Das bedeutet: Ich schließe einen Vertrag und in diesem Vertrag ist die Einwilligung enthalten, für welche Zwecke diese Daten genutzt werden dürfen. Wir haben aber durchaus ein Interesse an zukünftigen Lösungen.

Datenschutzrechtliche Grundlagen im Bereich der Verkehrstelematik

Nun kommen wir zu den rechtlichen Grundlagen. Zunächst einmal gibt es vier einschlägige Gesetze. Das Bundesdatenschutzgesetz, das Telekommunikationsgesetz, soweit es wirklich um die Telekommunikationsebene geht, sowie das Teledienste- und das Teledienstedatenschutzgesetz. Den Mediendienste-Staatsvertrag will ich nur am Rande erwähnen. Er ist dort relevant, wo wir Mediendienste haben, also Dienste, die der Meinungsbildung dienen.

Was ist nun die Basis dafür, dass auch im Rahmen der Dienste, die ich Ihnen dargestellt habe, Daten verarbeitet werden dürfen? Entweder muss ich die Einwilligung des Betroffenen erhalten. Das muss ich tun, wenn ich situativ Daten abfrage, beispielsweise im Rahmen eines Portals. Oder ich habe eine Rechtsvorschrift, die mir das Verarbeiten von

Daten erlaubt. Die Rechtsvorschriften, die hierbei relevant sein können, sind z.B. im Teledienstedatenschutzgesetz enthalten: Ich darf die Daten verarbeiten, die zur Erbringung des Vertrages erforderlich sind. Das heißt, der Vertrag und der Zweck dieses Vertrages sind immer wieder der Kernpunkt dessen, was ich darf und was ich nicht darf. Oder ich habe solche Rechtsvorschriften, die quasi einen Eingriff erlauben. So verhält es sich beispielsweise beim Autobahnmautgesetz. Auf die Autobahnmaut-Infrastruktur komme ich noch zu sprechen. Dort finden sich unmittelbare Eingriffsregelungen und Verarbeitungsregelungen, also Vorschriften dazu, welche Daten erhoben und verarbeitet werden dürfen. Letztlich gilt bei Vertragsverhältnissen immer auch das BDSG, weil die Vertragsgestaltung immer den Rahmen für die zulässige Datenverarbeitung bildet. Im Rahmen des Abonnements, das der Kunde über einen solchen Dienst abschließt, gilt § 28 BDSG. Danach ist das Verarbeiten personenbezogener Daten zur Erfüllung eigener Geschäftszwecke zulässig, wenn es der Zweckbestimmung des Vertrages oder eines vertragsähnlichen Vertrauensverhältnisses dient. Also auch schon im Rahmen der Anbahnung, wenn ich mich im Verkaufsgespräch mit dem Kunden befinde und ein vertragsähnliches Vertrauensverhältnis besteht, darf ich zum Zwecke der weiteren Vertragsverfolgung Daten erheben, aber nur dann, wenn nicht schutzwürdige Interessen des Betroffenen überwiegen. Diese muss ich im Einzelfall immer dagegen abwägen. Wenn sich beispielsweise ein Kunde in irgendeiner Weise äußert, aus der ich schließen kann, dass er mit der Datenverarbeitung nicht einverstanden ist, muss ich das als ein schutzwürdiges Interesse dieses Kunden werten. Diese Abwägung muss ich bei der Vertragsgestaltung ein Stück weit vorwegnehmen, indem ich mir anschaue, mit welchen Kundengruppen ich es zu tun habe und ob ich insofern Daten erheben kann oder nicht.

Welche gesetzlichen Anforderungen bestehen auf der technischen Seite? Diese sind generelle Anforderungen. Die meisten von Ihnen kennen das. Insofern brauche ich nicht näher darauf einzugehen. Diese Anforderungen sind in § 9 BDSG geregelt, der mittlerweile von den ehemals zehn Geboten auf acht Punkte zusammengeschrumpft ist. Dieser Verpflichtung unterliegen auch all jene Systeme, die heute Morgen vorgestellt wurden. Allerdings gilt hierbei das Angemessenheitsprinzip. Konkrete technologische Anforderungen kann ich daraus nicht ableiten. Vielmehr muss ich mir das jeweilige System anschauen und dann bestimmen, welche Maßnahmen zu treffen sind.

Telekommunikationsrecht

Wenn ich mich im Bereich der technischen Schutzmaßnahmen, also im Bereich des TKG, der Telekommunikation, befinde, habe ich zusätzliche Verpflichtungen nach § 87 TKG. Ich muss das Fernmeldegeheimnis wahren, ich muss programmgesteuerte Telekommunikations- und Datenverarbeitungssysteme gegen unerlaubte Zugriffe schützen, ich muss mein System gegen Störungen, die zu erheblichen Beeinträchtigungen von Netzen führen können, und gegen äußere Angriffe und Einwirkungen von Katastrophen schützen. Im Telekommunikationsgesetz spielen insoweit auch öffentliche Interessen eine Rolle, dass die Telekommunikationsnetze im Katastrophenfall weiterhin funktionieren sollen. Dies sind in gewisser Weise auch öffentliche Verpflichtungen. Es liegt zwar durchaus im Eigeninteresse eines jeden Unternehmens, dass es sich gegen Einwirkungen von Katastrophen schützt, aber dass man dies gesetzlich vorschreibt, ist auf das Interesse an der öffentlichen Infrastruktur zurückzuführen.

Bei den Telematikdiensten sind wir allerdings, wie gesagt, wenig davon betroffen, weil sich diese alle auf der Ebene der Teledienste bewegen.

Telediensterecht

Was muss ich nun hinsichtlich des Teledienstedatenschutzes beachten? Es gilt ja das Prinzip der Datenvermeidung, das mittlerweile auch im BDSG verankert worden ist. In der Tat prüfen wir auch bei diesen Anwendungen, welche Daten wir tatsächlich brauchen, um den Dienst zu generieren. Dass dabei immer wieder ein Zielkonflikt zwischen den Daten, die man gerne haben möchte, und jenen, die man braucht, entstehen kann, brauche ich nicht zu betonen. Diese Zielkonflikte auszutragen, ist unser Job als betriebliche Datenschützer. Aber es wird danach gefragt, und es muss auch begründet werden, wofür die Daten tatsächlich gebraucht werden. Es muss also geprüft werden: Können wir das auch anders machen, ohne diese Daten zu verarbeiten? Dies führt zumeist zu Klärungsprozessen, in denen man bemerkt: Bestimmte Daten braucht man gar nicht. Auch die Datenspeicherung verbraucht Ressourcen. Bei der Planung ist zunächst der Wunsch vorhanden, möglichst viel zu erfassen.

Die Regelungen zur Verarbeitung von Bestands- und Nutzungsdaten sind relevant und müssen umgesetzt werden. Es ist eben definiert, welche Daten des Antrags ich als Bestandsdaten verarbeiten darf, welche Nutzungsdaten ich verarbeiten darf und welche Auswertung ich nicht ohne Einwilligung vornehmen darf. Ohne Einwilligung des Kunden darf ich keine Nutzungsprofile anlegen. Das untersagt mir das Teledienstedatenschutzgesetz, und das muss auch so umgesetzt werden. Ich darf die Erbringung dieser Dienste auch nicht von der Einwilligung zweckfremder Datenverarbeitung abhängig machen.

Es gehört zu den datenschutzrechtliche Pflichten des Dienste-Anbieters, technische und organisatorische Vorkehrungen zu treffen, die Sicherheitsmaßnahmen abzuwägen und Verarbeitungsbeschränkungen bei den Bestands- und Nutzungsdaten zu beachten.

Was machen wir mit diesen Vorgaben? Bei den Systemen wird geschaut, welche Angriffsziele vorhanden sind, um das, was in diesem Katalog sehr allgemein steht – Zugangskontrolle, Zugriffskontrolle, Transportkontrolle und Sicherheitskonzept – zu konkretisieren und umzusetzen. Welche Angriffsziele existieren z. B. in Bezug auf das Fahrzeug? Denial of Service, Ausspähen von Daten oder Datenmanipulation. Beim Serviceprovider dasselbe: Welche Möglichkeiten bestehen dort? Welche möglichen Angriffsziele gibt es dort, und welche Schutzmechanismen sind verfügbar? – Ich nenne hier nur die gängigsten Mittel: Verschlüsselung, Identifizierung, Authentifizierung, Zugriffsschutz, Einsatz dezidierte Netze, Rufnummern. Was sind die schutzwürdigen Informationen? Fahrzeugdaten, Positionsdaten, persönliche Daten, geschäftliche Daten und natürlich die Passwörter, die in diesem System eingesetzt werden.

Damit kommen wir zu einer Risikobewertung, die von mehreren Faktoren bestimmt wird, z. B. von der Wahrscheinlichkeit eines Angriffs und von der Wertigkeit des schutzwürdigen Elementes. Diese Risikoanalyse versucht, die technischen Maßnahmen zu definieren, die umzusetzen sind.

Datenschutzrechtliche Vorgaben für das Autobahnmautsystem

Nun komme ich zu den Infrastrukturdiensten wie der automatischen Mauterhebung. Bei der automatischen Mauterhebung haben wir es mit einer ganz anderen Situation zu tun, nämlich mit einem öffentlich-rechtlichen Projekt, das sich privatrechtlicher Umsetzungsformen bedient. Hieraus resultiert eine ganze Reihe ganz wichtiger Gestaltungsfragen. Die Differenzierung zwischen öffentlicher und privatrechtlicher Verarbeitung ist relevant für die Frage, wer die Daten im jeweiligen Verfahren verarbeitet. Diese ist für das Kontrollverfahren, für die Entgelterhebung, für das Nacherhebungsverfahren jeweils gesondert zu beantworten und es gibt hier Gestaltungsspielräume. So wie der Gesetzgeber das jetzt konstruiert hat, ist im Kern all das, was Mauterhebung, Kontrolle und Widerspruchsverfahren betrifft, eindeutig öffentlich-rechtlich. Das ist sozusagen der öffentlich-rechtliche Kern, der auch im Autobahnmautgesetz geregelt ist. Daneben gibt es aber eine Reihe weiterer Komponenten für dieses System. Diese kann ich sowohl öffentlich-rechtlich als auch privatrechtlich gestalten.

Das beginnt bei der On-Board-Unit. Diese muss der Spediteur nicht einbauen, sondern er kann sie sich einbauen lassen. Dies erfolgt im Rahmen eines privatrechtlichen Vertragsverhältnisses. Dasselbe geschieht bei der Internet-Registrierung. Die Internet-Registrierung und die On-Board-Unit sind in der Mautverordnung als ein Zugangsmedium zum Mautsystem vorgesehen, werden aber privatrechtlich angeboten. Das Internetangebot als solches kann ich also wiederum privat- oder öffentlich-rechtlich gestalten. Hier gibt es einen Gestaltungsspielraum.

Gleiches gilt für das Zahlungsverfahren. Das Zahlungsverfahren an sich bedient sich des bankenüblichen Verfahrens und ist privatrechtlich. Anders ist dies in der klassischen öffentlichen Verwaltung hierzulande bislang nicht möglich. In den USA kann ich meine Ordnungswidrigkeit auch per Kreditkarte bezahlen. Das ist bei uns bislang nicht möglich. Das Zahlungsverfahren im Bereich der Maut läuft privatrechtlich über Kreditkarte. Nur die Zahlung der Mautsumme als solche ist ein öffentlich-rechtlicher Erhebungsvorgang.

Welche Rechtsgrundlagen bestehen nun? Bei der Mauterhebung handelt es sich um einen Eingriff gegenüber dem Mautpflichtigen. Wenn ein LKW über 12t über eine mautpflichtige Strecke auf der Autobahn fährt, muss gezahlt werden. Der Fahrer muss einen der drei Zugangswege nutzen, um dieser Zahlungspflicht nachzukommen. Die Rechtsgrundlagen für die Mauterhebung sind in § 4 des Autobahnmautgesetzes (ABMG) geregelt, die der Kontrolle in § 7 und die der Nacherhebung in § 8. Das heißt, soweit im Mautgesetz die Datenverarbeitung nicht geregelt ist, gilt das BDSG. Dies hat wichtige Auswirkungen. Denn für all jene Dinge, die hoheitlich sind, gelten die §§ 12 bis 26 BDSG, und für jene, die nicht hoheitlich sind, gelten die §§ 27 ff. BDSG. Im privatrechtlichen Bereich – Vertragstext und Ähnliches – sind die Voraussetzungen somit etwas andere als im hoheitlichen Bereich.

Der Zulässigkeitsmaßstab für den Umfang der Datenerhebung ist als Datenschutzanforderung im ABMG geregelt. Der Zulässigkeitsmaßstab für die Erhebung von Daten bei der Anmeldung zur Interneteinbuchung und für das automatische Mauterhebungssystem finden sich in §§ 5 und 6 LKW-MautV. Für die eigentliche Mauterhebung ist der Umfang im Gesetz durch einen Datenkatalog geregelt, für die Interneteinbuchung und auch für das automatische Mauterhebungssystem ist der Umfang interessanterweise in der Verordnung nicht geregelt. Diese Bestimmungen sind also ausfüllungsfähig. Natürlich muss die Zweckbindung als grundlegendes Datenschutzprinzip sichergestellt werden.

Im Gesetz sind auch der Datenaustausch zwischen dem Betreiber und dem Bundesamt für Güterverkehr sowie die Datenübermittlung an das Kraftfahrzeugbundesamt zwecks Halterfeststellung und die Datenübermittlung von anderen oder an andere öffentliche Stellen wie z.B. den Zoll geregelt.

Was den Geltungsbereich angeht, so findet das Autobahnmautgesetz, im Gegensatz zum BDSG, sowohl auf natürliche als auch auf juristische Personen Anwendung. Es enthält eine Reihe von datenschutzrechtlichen Bestimmungen, die sich wie beim TKG sowohl auf natürliche als auch auf juristische Personen beziehen. Feststellbar ist die Tendenz, beides immer mehr zusammenzufassen.

Wir haben uns gefragt, ob man zwischen den juristischen Personen, also den Speditionsunternehmen, die der Autobahnmaut unterworfen sind, und den Einzelspediteuren, die ihren eigenen LKW fahren, hinsichtlich des anzuwendenden Datenschutzniveaus differenzieren kann. Das macht jedoch keinen Sinn. Nach dem Mautgesetz sind sowohl der Eigentümer als auch der Besitzer als auch der Halter als auch der Fahrer des LKW mautpflichtig und haften gesamtschuldnerisch. Der Staat kann sich also an eine dieser vier Personen halten, derer er habhaft wird, und dieser die Mautverpflichtung und natürlich auch die Zahlungsverpflichtung auferlegen. Eine dieser vier Möglichkeiten ist immer personenbezogen. Ich habe in diesem Verfahren immer einen Personenbezug. Das heißt, ich komme dazu, die mauterheblichen Daten sowohl natürlicher als auch juristischer Personen als personenbezogene Daten zu behandeln.

Es gibt einmal die straßenseitige Einbuchung, also die Einbuchung über die Terminals in den Autobahnraststätten und an Tankstellen. Dort kann entweder eine personalisierte Buchung durch einen registrierten Nutzer oder eine pseudonyme Mautzahlung erfolgen. Derjenige, der dort pseudonym seine Fahrt bucht, muss nur sein Kfz-Kennzeichen eingeben, erhält einen Beleg dafür, dass er die Maut bezahlt hat, und anhand des Kfz-Kennzeichens kann an den Kontrollbrücken festgestellt werden, ob der LKW die Maut bezahlt hat oder nicht.

Die terminalseitige Mauteinbuchung kann also pseudonym erfolgen, die beiden anderen Einbuchungswege, sowohl die Einbuchung über die On-Board-Unit als auch die Interneteinbuchung, erfordern zwingend eine Registrierung des Mautpflichtigen. Das ist im Regelfall das Speditionsunternehmen bzw. der Einzelunternehmer. Diese Registrierung ist damit auch im Sinne der Definition, wie ich sie vorhin erläutert habe, personenbezogen. Bei den anderen beiden Einbuchungswegen haben wir es also immer auch direkt mit einer personenbezogenen Datenverarbeitung zu tun.

Der Verordnung zufolge muss ein Internetzugang und auch eine On-Board-Unit angeboten werden. Es ist aber, wie eben schon gesagt, nicht gesetzlich geregelt, welche Daten dort im Einzelnen erhoben werden dürfen. Dies muss also aus dem Vertragszweck im Verhältnis mit dem Nutzer bestimmt werden. An dieser Stelle möchte ich noch einmal deutlich machen, zu welchen Unterschieden es führt, je nachdem ob ich den Zulässigkeitsmaßstab öffentlichrechtlich oder privatrechtlich definiere. Wenn ich ein öffentlichrechtliches Nutzungsverhältnis für alle diese Leistungen annehme, komme ich dazu, dass § 13 BDSG in Verbindung mit § 3 a BDSG zu beachten ist. § 3 a besagt: Ich muss meine Applikationen so gestalten, dass sie möglichst datensparsam sind. Ich soll also möglichst wenig Daten und nur die Daten verwenden, die erforderlich sind. § 13 regelt die Fälle, in denen die Datenerhebung der Erfüllung einer öffentlichen Aufgabe dient. § 28 wiederum stellt auf den Vertrag ab. Ich muss also einmal den Vertragszweck und einmal die öffentliche Aufgabe unter dem Gesichtspunkt der Datensparsamkeit abwägen. Das kann zu unterschiedlichen Ergebnissen führen.

Wie sieht es mit dem Kontrollsystem aus? Diese Frage ist sicherlich auch für die Öffentlichkeit interessant und wird ganz bestimmt auch noch öffentlich erörtert werden. Bilder und Daten von nicht mautpflichtigen Fahrzeugen werden unmittelbar nach dem Kontrollvorgang gelöscht. Mautpflichtige Fahrzeuge werden in Gutzahler, Falschzahler und Mautpreller kategorisiert.

Alle Gutzahler werden zunächst einmal erfasst und sind in der Brücke 24 Stunden lang gespeichert, um Doppelfahrten durch die Brücke und Ähnliches festzustellen.

Falschzahler werden selbstverständlich erfasst. Das sind jene Fahrzeuge, zu denen keine korrekte Buchung stattgefunden hat. Diese werden zur Korrektur in das Nacherhebungsverfahren eingestellt. Bei Mautprellern gilt dies erst recht. Sie werden dem Nacherhebungsverfahren zugeführt. Die Beweise für diese Fahrten werden gesichert.

Die Daten von Gutzahlern werden unverzüglich gelöscht, wenn – so verlangt es das Gesetz – ein Mauterstattungsverlangen nicht oder nicht mehr zulässig ist.

Die Daten, die keiner dieser Kategorien zugerechnet werden können, müssen innerhalb von 24 Stunden, an Wochenenden und Feiertagen innerhalb von 72 Stunden, kategorisiert werden. Sonst werden diese Daten ohne weitere Überprüfung gelöscht. Das betrifft jene Fälle, in denen das Fahrzeug oder das Nummernschild nicht richtig erkennbar ist, oder in denen die Achszahl nicht richtig festgestellt werden konnte.

Bei dem Abrechnungssystem werden zu den einzelnen Benutzern, die über das Internet oder die On-Board-Unit registriert sind, Benutzerkonten geführt, denen sämtliche Kosten zugeordnet werden. Einmal im Monat wird dann eine Rechnung gestellt. Dieses Konto kann kreditorisch sein. Das Konto kann aber auch debitorisch sein, d.h. derjenige muss im Voraus einen beliebigen Betrag auf dieses Konto einzahlen, und wenn das Guthaben verbraucht ist, kann er keine weitere Maut über die On-Board-Unit abbuchen lassen, sondern muss das straßenseitige Mautterminal benutzen.

Bei nicht registrierten Nutzern werden die Halterdaten aus dem Kfz-Register angefordert, wenn ein Fahrzeug als Nicht- oder Falschzahler identifiziert wird. Über das Kennzeichen wird der Halter ermittelt, um diesem dann die Maut für die Strecke, die er tatsächlich gefahren ist, in Rechnung zu stellen. Bei registrierten Fahrzeugen kann dieser Fall gar nicht eintreten, da deren Kennzeichen dem System bekannt sind. Bei den terminalseitig pseudonym eingebuchten Mautpflichtigen kann dieser Fall aber sehr wohl eintreten. Wenn ich beispielsweise eingebe, ich führe eine Strecke von München nach Hamburg, und dafür Maut zahle, in Hannover aber abbiege und nach Berlin fahre, und wenn mich dann eine Kontrollbrücke in Berlin erfasst, so wird dies natürlich nicht mehr zu meiner Mautzahlung passen. Somit würde festgestellt, welcher Halter zu dem von der Kontrolle erfassten Kfz gehört, um mir auch die Strecke von Hannover nach Berlin in Rechnung stellen zu können. Ein registrierter Nutzer erhält ebenfalls einen Nacherhebungsbescheid, wenn er bei einer Kontrolle als Nicht- oder Falschzahler identifiziert wurde.

Das Löschen der Erhebungsdatensätze ist im Mautgesetz in § 9 Abs. 1 und 2 geregelt und ist für den Betreiber und für das Bundesamt für Güterverkehr unterschiedlich. Im Kern kann das Bundesamt für Güterverkehr diese Daten länger, zunächst bis zu drei Jahren, speichern. Danach muss das Kfz-Kennzeichen gelöscht werden. Die übrigen Erhebungsdaten kann das Bundesamt für Güterverkehr sechs Jahre aufbewahren. Der Betreiber muss diese Daten bereits löschen, wenn ein Mauterstattungsverlangen nicht fristgerecht gestellt wurde oder ein solches Verfahren abgeschlossen ist. Nacherhebungsdaten muss der Betreiber gemäß § 9 Abs. 4 ABMG nach Abschluss des Nacherhebungsverfahrens löschen. Das Bundesamt für Güterverkehr darf die Daten nach der Kontrolle insgesamt zwei Jahre lang aufbewahren.

Es gibt Regelungen für den Datenaustausch zwischen dem Betreiber und dem Bundesamt für Güterverkehr. Bezogen auf den jeweiligen Zweck sind Datenkataloge festgelegt. Ebenso ist die Datenübermittlung von und zum Kraftfahrzeugbundesamt besonders geregelt worden, nämlich in § 35 Abs. 1 Nr. 10 sowie in § 36 Abs. 2 des Straßenverkehrsgesetzes. Zudem ist es zulässig, dass der Betreiber bestimmte Daten an die Zollbehörden übermittelt. Dies soll dazu dienen, dass bestimmte zollspezifische Aktivitäten vorgenommen werden können, bis hin zur Feststellung von bestimmten Fahrzeugen an der Grenze. Gegenwärtig sind die Zollbehörden nicht eingebunden. Ob sie es künftig sein werden, steht noch nicht fest.

Denkbar sind auch Eingriffe in die Datenbestände aufgrund der Strafprozessordnung. Das ABMG schließt jedoch die Übermittlung an andere Ermittlungsbehörden aus. Dort ist an zwei Stellen außerdem ausdrücklich gesagt worden, dass die Mauterhebungsdaten nur für Zwecke der Mauterhebung und deren Kontrolle verwendet werden dürfen. Diese Gesetzeslage steht entsprechenden gerichtlichen Beschlüssen auf Herausgabe oder Beschlagnahme entgegen. Die telekommunikationsrechtlichen Eingriffsnormen kommen ebenfalls nicht zur Anwendung, da der Betreiber des Autobahnmautsystems kein Telekommunikationsanbieter ist. Er betreibt lediglich die OBUS und kauft dazu Telekommunikationsleistungen von einem Provider. Anschlussinhaber ist der Betreiber des Autobahnmautsystems. Die Regulierungsbehörde für Telekommunikation, das Bundesamt für Güterverkehr und der Bundesbeauftragte für den Datenschutz sind deshalb der übereinstimmenden Auffassung, dass der Betreiber des Autobahnmautsystems nicht dem Telekommunikationsrecht unterliegt.

Ich komme zu meinem Fazit und denke, bei diesem schnellen Ritt durch die vorhandenen Normen ist deutlich geworden: Mobilitätsprofile sind eine Herausforderung für den Datenschutz. Wir bewegen uns dabei aber keinesfalls im luftleeren Raum, sondern es gibt bereits ein gesetzliches Instrumentarium, das schon heute anwendbar ist.

Die fahrzeugseitigen Ausstattungen und die Verkehrstelematik-Services, die fahrzeugseitig angeboten werden, können vertragsrechtlich mit dem bestehenden gesetzlichen Instrumentarium abgedeckt und gestaltet werden. Dieses ist meines Erachtens ausreichend.

Pflichtsysteme wie das Mautsystem oder solche Systeme, wie sie Kai Rannenberg im Falle von Katastrophen- und Umweltschutz vorgestellt hat, Systeme also, die sozusagen Zwangsdatenerhebung betreiben, bedürfen jeweils einer besonderen gesetzlichen Reglung. Dabei haben wir es zumeist mit komplexen Betreiberstrukturen zu tun, die in entsprechenden gesetzlichen Regelungen berücksichtigt werden müssen. Das ist das Problematische an solchen Gesetzen. Solche Public Private Partnerships sind relativ kompliziert. Wenn Sie sich das Autobahnmautgesetz ansehen, werden Sie diese Komplexität ebenfalls finden. Viele Abgrenzungen zwischen Betreibern und dem Bundesamt für Güterverkehr bzw. dem Verkehrsministerium als Herr des Verfahrens sind im Gesetz nicht wirklich klar geregelt. Diese müssen nachtariert werden.

Ein interessanter Fakt ist, dass die Unterscheidung zwischen natürlichen und juristischen Personen datenschutzrechtlich im privaten Bereich zunehmend verschwimmt. Dieses Phänomen ist zum ersten Mal beim Telekommunikationsgesetz aufgetreten. In diesem ersten bereichsspezifischen Datenschutzgesetz für den privaten Bereich wird nicht zwischen natürlichen und juristischen Personen unterschieden. Wir sehen es beim Autobahnmautgesetz wiederum. Auch hier wird und kann nicht mehr unterschieden werden. Diese Unterscheidung wird im privatrechtlichen Bereich datenschutzrechtlich immer mehr aufgelöst.

Prof. Dr. Friedrich von Zezschwitz;
Hessischer Datenschutzbeauftragter:

Vielen Dank, Herr Dr. Rieß. Sie haben hier wahrscheinlich 100 % Gefolgsleute insofern, als 100 % Autofahrer im Saal sitzen dürften. Was den ersten Teil Ihres Vortrages angeht, werden alle offene Ohren und einen wachen Sinn gehabt haben. Im zweiten Teil sind eher die Spezialisten gefragt gewesen, wenngleich Ihre Ausblicke in die Zukunft erkennbar machen, dass unübersehbare Folgerungen eintreten können, weil die Kommunikationsstränge unübersehbar werden können. Das derzeit entwickelte System mag heute wirklich nur dazu bestimmt sein, für die Mauterhebung eingesetzt zu werden. In Hessen gibt es allerdings bereits Versuche, Lastwagen an der österreichischen Grenze zu registrieren, in Medenbach erneut zu registrieren, die gefahrene Strecke auf die Lenkzeiten und auf die gefahrene Geschwindigkeit umzurechnen. Daraus ist zu ersehen: Entweder werden die vorhandenen Systeme multifunktional genutzt oder es werden Parallelsysteme etabliert, die gleichermaßen präzise Überwachungszwecke erfüllen. Man kann mit Sicherheit sagen: Wenn wir mit hohem technischen und finanziellen Aufwand „wunderbare" Maut- und Erfassungssysteme entwickeln, wird der Gesetzgeber nicht lange zögern, sie auch für andere Zwecke zur Verfügung zu stellen. Gegenwärtig bin ich mit Ihnen der Meinung, dass die Firma Toll-Collect ein reines Mautsystem schaffen soll. Darüber wie die Zukunft aussehen wird, werden wir alle nur unsichere Prognosen abgeben können.

Herzlichen Dank, Herr Dr. Rieß, für diese geschickte Verbindung zwischen Technik einerseits und Juristerei andererseits.

Der Vortrag von Herrn Rechtsanwalt Dr. Wuermeling soll sich unmittelbar anschließen. Herr Wuermeling wird die aufgeworfenen Fragen vor allem in datenschutzrechtlicher Hinsicht beleuchten.

Dr. Ulrich Wuermeling,
Latham & Watkins LLP, Frankfurt am Main:

Rechtliche Grenzen des Einsatzes beim digitalen Direktmarketing

Guten Tag, meine Damen und Herren. Ich spreche heute zu Ihnen über eine Frage, die im Zusammenhang mit Location Based Services meiner Meinung nach in der Zukunft eine wesentlich größere Rolle spielen wird, als man sich dies heute vielleicht vorstellt. Ich meine die Frage, inwieweit solche Dienste für Marketingzwecke einsetzbar sind. Dabei will ich Ihnen vorstellen, was ich unter Location Based Marketing verstehe. Das ist eine Wortschöpfung von mir und meint Marketing, das sich daran orientiert, wo sich eine bestimmte Person gerade aufhält. Des Weiteren will ich auf die datenschutzrechtlichen Rahmenbedingungen eingehen, die dafür gelten, und darauf eingehen, inwieweit diese Rahmenbedingungen Location Based Marketing überhaupt zulassen. Außerdem werde ich kurz auf die Novellierung des Telekommunikationsgesetzes und darauf eingehen, inwieweit das, was dort für diese Dienste an Sondervorschriften vorgesehen ist, für mein Thema Anwendung findet. Zuletzt will ich einen kleinen Ausblick auf die Umsetzung datenschutzrechtlicher Vorgaben in die Praxis geben.

Location Based Marketing kennen wir im Grunde schon lange. Wenn wir uns anschauen, welche Zielsetzung das Marketing verfolgt, werden wir feststellen, dass es in vielen Bereichen dem alten Tante-Emma-Laden hinterherläuft. Wenn Sie früher durch die Stadt gegangen und an Ihrem Tante-Emma-Laden vorbeigekommen sind, hat die Besitzerin herausgeschaut und gesagt: Ich habe heute wieder den Kuchen vorrätig, den Sie besonders gerne mögen. Die Frau wusste, wer Sie sind und was Sie gerne essen. Sie konnte Sie in ihrem Kundenkreis einordnen und Interesse wecken, indem sie Sie gezielt angesprochen hat. Das kann kein Supermarkt!

Neue Technologien bieten uns die Möglichkeit, Sie zu erkennen und Kontakt zu Ihnen herzustellen. Auf die vielen Technologien, die dabei eine Rolle spielen, möchte ich nicht näher eingehen. Damit haben Sie sich heute den ganzen Tag über beschäftigt. Aber eines möchte ich festhalten, was die Möglichkeiten für das Marketing angeht: Zwei Stellen wissen, wenn Sie ein Handy haben, ständig, wo Sie sind. Das kann das Handy sein, wenn es die entsprechende Technologie besitzt, und Ihr Mobilfunkanbieter. Es gibt also ein Gerät und einen Technologieanbieter, die wissen, wo Sie sind, wenn die Technik dafür eingerichtet ist. Dabei kommt es nicht darauf an, ob es GSM oder ein anderes System ist, das dies ermöglicht.

Wenn wir uns überlegen, inwieweit wir in diesem Bereich Marketing betreiben wollen, so ist es im Wesentlichen die elektronische Kommunikation, an die wir denken. Wenn wir wissen, dass jemand in der Nähe ist, können wir elektronisches Marketing betreiben, indem wir das Medium nutzen, das dort eben verwendet wird. Das heißt, es könnten SMS-Nachrichten versandt oder das Handy angerufen werden. – Ich spreche jetzt noch nicht über die datenschutzrechtliche Zulässigkeit, sondern erst einmal nur darüber, was theoretisch möglich ist. – Es könnte also jemand anrufen, es könnten die elektronischen Möglichkeiten des Systems genutzt werden. Sie können entweder in der Form genutzt werden, dass man bestimmten Diensten, die der Nutzer benutzt, die Werbung beifügt oder eben in Form selbstständiger Werbung als eigenständige Kommunikation. Dann gibt es noch sonstige Fälle. Darunter kann man sich alles Mögliche vorstellen, auch den Fall, dass tatsächlich eine individuelle Person, nämlich unsere alte Tante Emma, elektronisch auf ihrem Bildschirm gemeldet bekommt: XY ist gerade auf der Straße; schau doch einmal, ob er nicht etwas bei uns kaufen will.

Es gibt aber auch andere Möglichkeiten. Insoweit als Vision: Es gibt die Möglichkeit, dass Sie beispielsweise auf der Autobahn fahren und auf einmal eine Werbefläche zu Ihnen sagt: Hallo Ulrich, möchtest du nicht wieder einmal ein Bier bei uns trinken und dein Lieblingsgericht essen? Und das Lieblingsgericht erscheint dann als Bild auf dieser Werbefläche. Das ist technisch ohne weiteres möglich. Ob wir das datenschutzrechtlich wollen, ist eine andere Frage, aber es ist möglich. Das heißt, die Kenntnis, dass sich jemand an einem ganz bestimmten Ort befindet, kann man auf ganz unterschiedliche Art und Weise für Marketing nutzen.

Die wirtschaftlichen Aspekte hierbei sind enorm. Denn jedes Marketing, das sich individuell an jemanden richtet, der in diesem Moment tatsächlich potenzieller Kunde ist, ist viel effektiver als jede Art der Massenwerbung. Auf der Kundenseite ist dies natürlich auch interessanter, weil man ausgewählte Werbung bekommt, die auf den konkreten Fall zugeschnitten ist. Werbung stört doch meistens nur dann, wenn einen die Produkte nicht interessieren.

Hinsichtlich der wirtschaftlichen Bedeutung will ich in diesem Kreis aber vor allem noch eines ansprechen. Werbung wird ein wichtiger Finanzierungsfaktor für Dienste sein, über die wir uns heute Gedanken machen. Dies gilt auch für Dienste im kommunalen Bereich. Wenn Sie über Dienste nachdenken, die zum Teil mit staatlichen Aufgaben verbunden sind, stellt sich immer die Frage möglicher Kooperationen und möglicher Werbung, die zur Finanzierung genutzt werden kann. Wenn Sie sich die Internetdienste der Kommunen vergegenwärtigen, dann wissen Sie, wie das in der Praxis gehandhabt wird.

Meine nächste Folie habe ich selbst angefertigt und nicht von Herrn Rieß abgeschrieben. Wir sind allerdings zu demselben Ergebnis gekommen: Es gibt wichtige Datenschutzgesetze in Deutschland, die in diesem Umfeld Anwendung finden. Als erstes zu nennen ist das Bundesdatenschutzgesetz, sodann das Teledienstedatenschutzgesetz, das Telekommunikationsgesetz usw. Ich will darauf nicht näher eingehen. Eine wichtige Differenzierung aber ist die Frage, wann die Datenschutzvorschriften des Telekommunikationsgesetzes Anwendung finden und wann wir die Datenschutzvorschriften des Teledienstedatenschutzgesetzes zugrunde legen müssen. Dazu ein kurzes Beispiel:

Wenn Sie Telekommunikationsanbieter sind und Ihre Systeme die Technik besitzen, um festzustellen, wo sich Ihre Telekommunikationskunden bzw. deren Handys aufhalten, dann verarbeiten Sie diese Daten als Telekommunikationsanbieter. Wenn ich mit meinem Handy per SMS eine Anfrage an einen Anbieter sende, von dem ich z. B. wissen will, wo sich das nächste Hotel befindet, so ist dieser ein Telediensteanbieter und fällt nicht mehr unter die telekommunikationsrechtlichen Vorschriften. Der Anbieter, der die SMS übermittelt, ist ein Telekommunikationsdienstanbieter. Ob das nach der anstehenden Novellierung des Telekommunikationsgesetzes so einfach bleibt, ist eine andere Frage. Aber diese Abgrenzung ist, denke ich, heute noch relativ deutlich.

Unsere datenschutzrechtlichen Vorschriften befinden sich in einem ständigen Reformprozess. Das wissen Sie viel besser als ich. Derzeit wird die Europäische Datenschutzrichtlinie zur elektronischen Kommunikation umgesetzt, wir haben irgendwann die zweite Phase der Novellierung des Bundesdatenschutzgesetzes vor uns, d.h., wann auch immer; sie ist zumindest angekündigt worden. Sodann ist eine Vereinheitlichung der bereichsspezifischen Datenschutzvorschriften in gewissem Umfange geplant. Künftig wird es also eine Reihe von Veränderungen geben, in deren Rahmen dann auch Fragen, die ich heute stellen werde, zu beantworten sein werden.

Die Novellierung des Telekommunikationsgesetzes steht relativ nahe bevor. Im Referentenentwurf gibt es eine Vorschrift für § 93 TKG, der sich mit Lokationsdaten beschäftigt. Damit wird im Grunde genommen eins zu eins das übernommen, was in der Europäischen Datenschutzrichtlinie zur elektronischen Kommunikation steht. Danach dürfen diese Daten zur Bereitstellung von Diensten mit Nutzungsdaten im erforderlichen Maß und Inhalt des dafür erforderlichen Zeitraumes bearbeitet werden, wenn sie anonymisiert wurden oder wenn der Teilnehmer seine Einwilligung gegeben hat.

Über die Anonymisierung, d. h. darüber, wie technische Möglichkeiten Anonymisierung zulassen, wurde schon gesprochen. Das andere ist die Einwilligung. Mich irritiert an dieser Vorschrift ein wenig, dass wir im Datenschutzrecht die Bereitstellung eines Dienstes im Rahmen eines Vertragsverhältnisses und die Einwilligung als alternative Rechtmäßigkeitsvoraussetzung sehen, während diese Vorschrift den Eindruck erweckt, wir hätten es einmal mit einer Dienstbereitstellung im Rahmen eines vertraglichen Verhältnisses zu tun und brauchten zusätzlich noch eine Einwilligung, obwohl eigentlich die Verarbeitung zur Abwicklung des Dienstes erforderlich ist. Ich vermute, dass im Endeffekt nur gemeint ist, dass man in jedem Falle eine Einwilligung haben will, und denke nicht, dass wir unbedingt schon auf der Dienstebene ein Vertragsverhältnis brauchen.

Das ist sicherlich der entscheidende Punkt für alle Maßnahmen, die man hier umsetzen möchte: Man wird nichts tun können, ohne eine Einwilligung von dem Betroffenen einzuholen. Dabei müssen umfangreiche Mitteilungen darüber gegeben werden, welche Daten zu welchem Zweck verarbeitet werden, die Einwilligung muss man jederzeit zurücknehmen können, und man muss die Möglichkeit haben, sie zeitweise auszusetzen.

Damit kommen wir, was das Marketing anbelangt, zu einem interessanten Punkt. Wenn Sie nämlich werbefinanzierte Dienste anbieten, d. h. Dienste haben, bei denen Sie sagen: Diesen Dienst gibt es umsonst, weil man einwilligt, dass er auch zu Werbezwecken genutzt wird, dann stellt sich die Frage, was eigentlich geschieht, wenn der Nutzer einen Tag später die Einwilligung wieder zurücknimmt. Damit gerät der wirtschaftliche Deal, der gemacht worden ist, aus den Fugen. Denn die Einwilligung ist zurückgenommen und es kann nicht mehr aus Werbung finanziert werden, aber auf der anderen Seite besteht der Vertrag noch. Insoweit, denke ich, wird man wohl zu dem Ergebnis kommen müssen, dass man ein solches Vertragsverhältnis entweder an die Einwilligung binden kann oder zumindest eine unterschiedliche Preisgestaltung vorsehen kann, je nachdem, ob eine Einwilligung gegeben worden ist oder nicht. Ein ähnliches Problem stellt sich schon heute bei den Telediensten nach Teledienstdatenschutzgesetz.

Hinsichtlich der Ausgestaltung der Einwilligung gibt uns die Begründung des Referentenentwurfs bereits einige Hinweise. Dort wird insbesondere die Möglichkeit genannt, dass man diese Einwilligung in einem Rahmenvertrag erteilt. Das wird für werbefinanzierte Dienste mit Sicherheit ein wichtiger Weg sein, um bestimmte Dienste anbieten zu können.

Eine datenschutzrelevante Handlung liegt bei allen Diensten vor, die eine Lokalisierung eines Nutzers aktiv oder passiv vornehmen. Es ist aber datenschutzrechtlich ein sehr großer Unterschied, ob dies aktiv oder passiv geschieht. Wenn Sie nämlich eine aktive Lokalisierung durch den Nutzer haben, so sagt der Nutzer wie vorhin in meinem Beispiel: Ich möchte jetzt etwas wissen, beispielsweise wo sich das nächste Hotel oder Restaurant oder das Informationsamt der Stadt bzw. eine bestimmte Behörde befindet. Der Nutzer könnte also über sein Handy auf diese Weise Informationen und auch Wegbeschreibungen erlangen, wie er zu bestimmten Stellen kommt. Das macht er aktiv, von sich aus. Schwieriger wird es, wenn der Betroffene passiv ist, in der Form, dass ein Dienst aktiviert ist. Ein Beispiel hierfür wäre, dass er durch die Stadt geht, und ständig von außen seine Lokationen festgestellt werden und er dann beworben wird. Das ist datenschutzrechtlich sicherlich der schwierigste Bereich.

Im Hinblick auf die Übermittlung der Information stellt sich die Frage: Inwieweit müssen eigentlich für das Angebot des Dienstes Informationen übermittelt werden? Das kann dadurch erfolgen, dass der Telekommunikationsanbieter solche Daten übermittelt, es könnte aber auch dadurch erfolgen – das ist wahrscheinlich der eher zu nutzende Weg – dass vom Handy aus solche Informationen weitergegeben werden. Diese Informationen müssen zu Marketingzwecken analysiert und zur Durchführung der Marketingmaßnahmen verarbeitet werden.

Ich gebe Herrn Rieß völlig Recht: Von technischer Seite aus wird gerne mehr an Daten erhoben, als möglicherweise tatsächlich notwendig ist. Dann muss man überlegen, inwieweit man es verhindern kann, dass personenbezogene Daten im Rahmen solcher Dienste übermittelt werden, und man muss sich darüber Gedanken, wie eigentlich die Einwilligung, die im Zusammenhang mit solchen Diensten praktisch immer erforderlich sein wird, technisch durchgeführt werden kann, und zwar in einer Art und Weise, dass sie auch die notwendige Leichtigkeit der Kommunikation wahrt, wie sie im wirtschaftlichen Umfeld gehandhabt wird.

Ich bin kein großer Freund allzu großer Formalisierungen. Manchmal sind marketingfreundliche Texte aus dem Bereich des so genannten Permission Marketing für den Betroffenen viel einfacher verständlich und bringen ihm von der Information mehr als das, was wir relativ formell auf Datenschutzseite verlangen.

Was wären nun Beispiele aus der Praxis, bei denen Marketing eine Rolle spielt?

Auf die Reisedienste hat Herr Rieß bereits hingewiesen, und er hat aufgezeigt, was wir beispielsweise im Zusammenhang mit dem Auto schon haben. Ich will den kommunalen Bereich ansprechen, weil einige Vertreter aus diesem Bereich heute anwesend sind. Zu nennen ist beispielsweise der elektronische Stadtführer. Stellen Sie sich vor: In einer Stadt ermöglicht Ihnen ein Dienst Folgendes: Sie kommen an und loggen sich als ein Besucher dieser Stadt an diesem Tag ein. Wenn Sie durch die Stadt laufen, erhalten Sie ständig Informationen, an welcher Stelle Sie sich gerade befinden, um welche Gebäude es sich handelt, was man zu welchen Öffnungszeiten besuchen kann. Sie können sich weiter durchklicken, und dann werden Ihnen Städteführer-Texte über diese Gebäude vorgesprochen. Das sind typische Anwendungen, bei denen man Lokationsbasisdienste nutzen kann.

Der Nahverkehrsführer wäre eine ähnliche Möglichkeit. Dieser ermöglicht es, innerhalb einer Stadt von einem Ort zum anderen zu kommen, und zwar mithilfe von Nahverkehrsverbindungen, einfach nur dadurch, dass das elektronische System auswählt, welche Nahverkehrswege man verwenden muss. Möglicherweise ist es sogar so schlau, dass es genau weiß, welche Nahverkehre verspätet sind und welche nicht, und kann deshalb auch Auskunft darüber geben, womit man heute am besten fährt.

Zu denken ist auch an ein Shop-Positioning-System. Das ist wieder eine Sprachschöpfung von mir. Hierbei geht es einfach nur darum herauszufinden, wo man was kaufen kann. Damit kommen wir zum elektronischen Einkaufszettel, einer weiteren interessanten Möglichkeit. Wenn Sie auf Ihrem Handy einen elektronischen Einkaufszettel haben und damit durch die Stadt laufen, dann verrät Ihnen das System auf einmal: In diesem Kaufhaus gibt es diese Produkt im Sonderangebot. Die individuelle Werbeflächengestaltung, das Schaufenster oder die bereits genannte Plakatwand, die auf Ihre Anwesenheit reagiert. Zu nennen sind zudem Kundenbindungssysteme in verschiedener Ausgestaltung bis hin dazu, dass Sie z. B. Bonuspunkte nur dafür bekommen, dass Sie überhaupt in ein Geschäft hineingehen, nicht erst dafür, dass Sie dort etwas kaufen.

Wenn Sie an kommunale Dienste denken, so wird sich früher oder später die Frage stellen, wie man solche Dienste, wenn man sie anbieten möchte, finanziert. Wenn Sie an die kommunalen Haushalte denken, so wird nichts anderes übrig bleiben, als sie über Werbung zu finanzieren. Das heißt, ein elektronischer Stadtführer beispielsweise wird Werbung enthalten müssen, um überhaupt finanziert werden zu können.

An dieser Stelle muss man sich auch Gedanken darüber machen, wie man solche öffentlichen und privaten Werbedienste in einer datenschutzrechtlich konformen Weise anbietet. Dies ist eine Frage, die Sie häufig schon für Ihre Internetdienste beantworten mussten.

All diesen Möglichkeiten gemeinsam ist, dass wir solche Dienste immer nur mit einer Einwilligungserklärung einholen können. Diese gesetzliche Vorgabe ist eindeutig und wird sicherlich auch so bleiben.

So viel von meiner Seite zum Location Based Marketing und den Möglichkeiten, die sich daraus ergeben. Vielen Dank für Ihre Aufmerksamkeit. Wir stehen jetzt noch für Fragen zur Verfügung.

Anhang
Folien Professor Dr. Ulrich Wuermeling

Rechtliche Grenzen beim digitalen Direktmarketing

12. Wiesbadener Forum Datenschutz
11. September 2003

Rechtsanwalt Dr. Ulrich Wuermeling, LL.M., Frankfurt
<Ulrich.Wuermeling@lw.com>

LATHAM & WATKINS

Überblick

- Location Based Marketing
- Datenschutzrechtliche Rahmenbedingungen
- Novellierung des Telekommunikationsgesetzes
- Umsetzung datenschutzrechtlicher Vorgaben in der Praxis

Location Based Marketing

- Traditionell
- Neue Technologien
  - GSM
  - GPRS
  - UMTS
  - Bluetooth
  - Wireless LAN
- Direktmarketing
  - Elektronische Kommunikation
    - beigefügte Werbung
    - selbständige Werbung
  - Sonstiges
- Wirtschaftliche Aspekte

Datenschutzrechtliche Rahmenbedingungen

- Gesetzliche Regelungen
  - Bundesdatenschutzgesetz
  - Teledienstedatenschutzgesetz
  - Telekommunikationsgesetz und Telekommunikationsdatenschutzverordnung
  - Landesdatenschutzgesetze
  - Mediendienstestaatsvertrag
- Reformpläne
  - Umsetzung der Europäische Datenschutzrichtlinie zur elektronischen Kommunikation
  - Große Novellierung des Bundesdatenschutzgesetzes
  - Vereinheitlichung der bereichsspezifischen Datenschutzvorschriften

Novellierung des Telekommunikationsgesetzes

- Entwurf zur Umsetzung von Artikel 9 der Datenschutzrichtlinie zur Elektronischen Kommunikation
- Referentenentwurf § 93 TKG
    - "..dürfen diese Daten nur im zur Bereitstellung von Diensten mit Zusatznutzen erforderlichen Maß und innerhalb des dafür erforderlichen Zeitraums verarbeitet werden, wenn sie anonymisiert wurden oder wenn der Teilnehmer seine Einwilligung gegeben hat."
    - "…mitteilen, welche Arten von Standortdaten verarbeitet werden, für welche Zwecke und wie lange das geschieht, und ob die Daten zum Zwecke der Bereitstellung des Dienstes mit Zusatznutzen an einen Dritten weitergegeben werden."
    - Einwilligung zurücknehmen oder zeitweise untersagen
- Ausgestaltung der Einwilligung
    - z.B. in einem Rahmenvertrag – Informationspflichten
    - Kostenvorteil – Problem der Rücknahme und Untersagung

Umsetzung datenschutzrechtlicher Vorgaben

- Datenschutzrelevante Handlungen
    - Lokalisierung eines Nutzers
        - aktiv
        - passiv
    - Übermittlung dieser Information
    - Analyse der Information zur Auswahl der Marketingmaßnahme
    - Durchführung der Marketingmaßnahme
- Datenschutzfreundliche Technik
    - Anonymisierung
    - Datensparsamkeit
    - Vermeidung von Übermittlungen
    - Einwilligung

Ideen aus der Praxis

- Reisedienste
- Elektronischer Stadtführer
- Nahverkehrsführer
- Shop Positioning System
- Elektronischer Einkaufszettel
- Individuelle Werbeflächengestaltung
- Kundenbindungssysteme

- Werbefinanzierung von Location Based Services
- Permission Based Marketing
- Kostenpflichtige Informationsdienste

Fragen

Links

- www.datenschutz.de
- www.datenschutz.hessen.de
- www.moderner-datenschutz.de
- www.dip.bundestag.de
- www.europa.eu.int/comm/internal_market/de/index.htm
- www.iid.de
- www.akademie.de
- www.bsi.bund.de

Prof. Dr. Friedrich von Zezschwitz,
Hessischer Datenschutzbeauftragter:

Vielen Dank, Herr Dr. Wuermeling. Sie haben uns allen bewusst gemacht, mit welchem Konglomerat an schwierigen Rechtsvorschriften wir es zu tun haben. Darin liegen unser aller tagtäglichen Schwierigkeiten. Nicht selten haben wir – wie in einem Oberseminar - die kaum lösbare Frage diskutiert, die Sie soeben angeschnitten haben: Ist es das Teledienstedatenschutzgesetz oder ist es das TKG, das die entsprechenden Sperrnormen bietet? Keineswegs ist immer eindeutig zu unterscheiden, was der Übertragungstechnik und was den Telediensten zugeordnet werden muss. Oft ist es wirklich hohe juristische Kunst, mit der man sich durch den Gesetzesverhau kämpfen muss. Ich danke Ihnen sehr, dass Sie das in so anschaulicher Weise getan haben.

Die beiden Vorträge von Herrn Dr. Rieß und von Herrn Dr. Wuermeling sollen nun diskutiert werden. Selbstverständlich können auch an die Referenten des Vormittags Fragen gerichtet werden. Ich bitte Sie nun, Ihre Fragen zu stellen oder Ihre Statements zu den Vorträgen abzugeben.

Darf ich selbst zunächst eine Frage zum Mautsystem stellen? – Sie, aber nicht nur Sie, Herr Dr. Rieß, sondern auch der Gesetzgeber oder die zuständige Verkehrsverwaltung sprechen gerne von Anonymität. Sie soll dadurch sichergestellt werden, dass nur die Kraftfahrzeugkennzeichen registriert werden. Ich halte das für eine mehr als euphemistische Umschreibung von Anonymität, denn keine Polizei- oder Verwaltungsbehörde hat größere Schwierigkeiten, anhand des Kennzeichens den Halter festzustellen, und beim Halter wird man alsbald feststellen, wer der Fahrer ist. Hier von Anonymität zu sprechen, ist eine Art der Rosstäuscherei, wie sie eigentlich nicht schlimmer betrieben werden kann. Das erweckt erhebliche Zweifel in die Redlichkeit der Verkehrspolitik. Ich weiß nicht sicher, ob ich das falsch sehe. Vielleicht können Sie mich vom Gegenteil überzeugen. Das wäre mir am liebsten. Aber ich fürchte, Sie können es nicht.

Dr. Joachim Rieß,
DaimlerCrysler AG:

Wenn von Anonymität gesprochen wird, so muss auch gefragt werden, worauf sich diese bezieht. Dass die Polizei im fließenden Verkehr jedes Fahrzeug feststellen kann und dazu den Halter ermitteln darf, ist mit oder ohne Maut der Fall. Wenn bei der Mautkontrolle das Kennzeichen erfasst wird, geschieht zunächst einmal nicht mehr. Weder der Betreiber des Systems noch das Bundesamtes für Güterverkehr kennt den Halter, es sei denn – so ist es gesetzlich vorgesehen –, der Halter hat keine Maut bezahlt. In diesem Fall kann der Halter über das Kraftfahrzeugbundesamt ermittelt werden. Dann ist er natürlich nicht mehr anonym. Aber der Fahrer ist ja in den wenigsten Fällen mit dem Halter identisch. Wer Fahrer ist, wird in diesem Fall keineswegs festgestellt.

Man muss also die verschiedenen Schutzzwecke sehen. Was ich nur sagen kann, ist: Für den Betreiber ist, solang nicht die Berechtigung besteht, den Halter zu ermitteln, nicht feststellbar, wem der LKW gehört und schon gar nicht, wer ihn gefahren hat. Der Betreiber hat kein personenbezogenes Datum zu diesem Kfz-Kennzeichen, außer natürlich bei den Fahrzeugen, die der Halter selbst bei ihm registriert hat.

Dr. Ibrahim Kaplan, Ingenieurkammer Hessen:

Das, was Sie gesagt haben, kann ich so nicht mittragen. Jedes Bewegungsprofil, das dabei erstellt wird, sei es von einem Pkw oder von einem LKW, beinhaltet auch die Bewegungsprofile des Fahrers. Insofern ist dies für mich schutzrelevant. Zudem möchte ich unterstreichen, dass es zu einer totalen Überwachung der Person kommt, die sich im Wagen befindet, weil ihre Bewegungen kontrolliert werden können.

Offen ist auch die Frage der Positionierung des bewegten Gegenstandes. Es ist allgemein bekannt, dass Wagen der Firma Mercedes häufig gestohlen und dass die Autofahrer gerne überfallen werden. Wir haben vorhin gehört, dass die Netzübertragung keine Ende-zu-Ende-Verschlüsselung anbietet. Insoweit entsteht das Risiko, dass ein potenzieller Angreifer den Autofahrer identifiziert und eventuell Schäden anrichtet. Die Frage lautet: Wie ist derjenige, der gerade den Wagen führt, gegen solche potenziellen Angriffe geschützt?

Dr. Joachim Rieß, DaimlerCrysler AG:

Ich spreche immer von der straßenseitigen anonymen Mauterhebung. Dabei wird der Name des Fahrers nirgendwo eingegeben. Insofern kann der Name auch nicht festgestellt werden. Als Datum fallen lediglich das Kfz-Kennzeichen und das Datum an, dass an einem bestimmten Maut-Terminal eine bestimmte Maut für die Strecke X bezahlt wurde. Diese Daten befinden sich im Datensatz. Mehr nicht. Auch ein potenzieller Angreifer kann nicht herausbekommen, wer mit dem Fahrzeug fährt. Er stellt sich besser an der Autobahnraststätte auf, wartet, bis der LKW kommt und schaut, wer darin sitzt. Der Fahrer ist an der Stelle also nicht betroffen.

Wir haben uns im Rahmen des Datenschutz-Audit die Bilder angesehen. Bei einer Kontrolle ist der Fahrer auf dem Foto nicht zu erkennen. Der Winkel ist so eingestellt, dass dies nicht möglich ist. Auch bei der Kontrolle eines Mautprellers – nur dann wird das Foto gespeichert – ist der Fahrer nicht erkennbar und kann nicht ermittelt werden.

Dr. Ibrahim Kaplan,
Ingenieurkammer des Landes Hessen:

Findet bei Ausländern eine Datenabfrage und Datenübermittlung mit dem Ausland statt? Ich meine die ausländischen Fahrer, die sehr viel durch Deutschland fahren, um ihren Transport erledigen zu können. Findet, wenn die Transportfirma im Ausland sitzt, eine Datenübermittlung und -abfrage statt?

Dr. Joachim Rieß,
DaimlerCrysler AG:

Bis jetzt gibt es keine Halterfeststellung ins europäische Ausland. Aber dass das sinnhaft ist, ist, denke ich, nicht die Frage. Die ausländischen LKW, die keine Maut bezahlen, müssen damit rechnen, festgestellt zu werden. Deshalb braucht man eine fahrende Kontrolle. Das Bundesamt für Güterverkehr führt fahrende Kontrollen im fließenden Verkehr durch.

Prof. Dr. Friedrich von Zezschwitz,
Hessischer Datenschutzbeauftragter:

Nur noch eine Frage, Herr Dr. Rieß. Videoaufnahmen, die die Polizei macht, haben heute eine so gute Auflösung, dass Sie sehen können, ob der betreffende eine Brille mit oder ohne Goldrand trägt. An sich sind das Totalaufnahmen, aber diese sind so weit auflösbar, dass man sofort feststellen kann, ob der Gurt angelegt ist, ob telefoniert wird und Ähnliches. Wie sind die Fotos, die von den Maut-Brücken aus von den LKW und ihren Fahrern gemacht werden, geartet? Werden nur die Nummernschilder oder ist das gesamte Führerhaus erfasst?

Dr. Joachim Rieß,
DaimlerCrysler AG:

Wir haben die Fotos geprüft. Einmal gibt es ein Foto vom Nummernschild und zweitens gibt es ein Frontalfoto, das auch gescannt wird. Zudem erfolgt ein Scanvorgang bei der Fahrt unter der Brücke hindurch über die Zahl der Achsen und über die Größe. Das sind die drei Parameter. Das Kennzeichenfoto ist ein reines Kennzeichenfoto. Das Frontalfoto des LKW ist aus einem solchen Winkel aufgenommen, dass der Fahrer nicht erkennbar ist. Wir haben zigtausend Fotos durchgesehen, weil wir uns genau dieselbe Frage gestellt haben. Das ist tatsächlich so. Ich denke, dies wird – berechtigterweise – jetzt auch von den Datenschutzbehörden überprüft werden.

Prof. Dr. Kai Rannenberg,
Universität Frankfurt am Main:

Ich möchte noch einmal auf die Frage der Geschwindigkeitsüberschreitung und der Erhebung zurückkommen. Wir haben jetzt den Fall, dass der Staat die Maut direkt erhebt, relativ ausführlich diskutiert. So kennen wir es ja auch. Die Bußgelderhebung ist ebenfalls staatlich geregelt. Das Beispiel, mit dem wir in meinem Vortrag konfrontiert waren, war eine Vertragsstrafe, die man als Automieter an die Mietwagenfirma zahlen muss, und zwar, wenn ich das richtig in Erinnerung habe, aus zwei Gründen. Der eine Grund besteht darin, dass die Leihfirma nicht warten will, bis seitens des Staates ein Bußgeldbescheid ergeht, um dann über eine Kreditkartennummer, die der Autofahrer irgendwann einmal hinterlegt hatte und die hoffentlich zum Zeitpunkt der Autoabgabe noch gültig war, Monate später, wenn der Kunde diese Kreditkartennummer möglicherweise schon längst gecancelt hat, das Bußgeld beim Kunden abbuchen zu wollen. Zweitens will die Leihfirma nicht vorfinanzieren. Denn sie muss ja möglicherweise zunächst das Geld an den Staat zahlen, um es später selbst wieder einzutreiben. Als Drittes könnte man noch unterstellen, dass die Firma den Kunden auch ansonsten zur Disziplin anhalten und nicht nur Geld bekommen will, wenn der Staat kontrolliert und feststellt, dass der Kunde zu schnell gefahren ist, sondern auch, wenn sie das selber herausgefunden hat. Denn Mietwagen sind, wenn sie kaputtgehen, ein teures Vergnügen. Das ist das Geschäftsmodell der Mietwagenfirma. Es geht nicht nur um die Durchreichung einer Strafgebühr.

Wie stellt sich die Situation in einem solchen Falle dar? Sie ist sicherlich juristisch komplexer. Möglicherweise handelt es sich um einen Vertragsverstoß. Ich nehme an, hier spielen noch einige Fragestellungen mehr eine Rolle.

Dr. Joachim Rieß,
DaimlerCrysler AG:

Ich kann mir vorstellen, dass dahinter ein Versicherungsmodell steht, dass diese Mietwagenfirmen ihre Fahrzeuge so versichert hatten. In den USA gibt es entsprechende Tarife, die ich auf diese Art und Weise nutzen muss. Wenn ich sie nicht so nutze, führt das zu Versicherungsabzügen. Das ist tatsächlich mit Telematiksystemen verbunden. So etwas gibt es meines Wissens in Europa bisher nicht, und in Deutschland gibt es das mit Sicherheit nicht. Wenn es diese Versicherungsmodelle gäbe, so stellten diese bei der Versicherungslösung eine Vertragsregelung zwischen der Versicherung und demjenigen dar, der sein Fahrzeug versichern lässt. Bei der Mietwagenlösung handelt es sich um eine Weiterreichung. Ich würde sagen, das muss die Mietwagenfirma explizit mit dem Kunden so vereinbaren, einschließlich aller weiteren Folgen. Sie muss ihn nach deutschem Recht auch darüber informieren, dass genau diese Daten erhoben werden, einschließlich der Geschwindigkeit, und dass ihm diese zugerechnet werden. Ich weiß nicht, ob das auf dem hiesigen Markt durchsetzbar ist. Ich glaube, eher nicht. Aber ohne Einwilligung ist es schlichtweg unzulässig.

Hartmut Greiser,
Deutsche Lufthansa AG, Konzern Datenschutz:

Noch einmal zum Nummernschild und zu der Frage, inwieweit wir dabei personenbezogene Daten erheben. Ich bin nicht einverstanden mit dem Endergebnis, wie es jetzt im Raum steht. In dem Moment, in dem Sie die Information sammeln, dass ein Mensch im Auto sitzt, haben Sie Ort, Zeit und ein Identifikationsmerkmal, das sich zunächst auf eine Sache bezieht, das aber ohne großen Aufhebens auch auf eine Person rückführbar ist. Dann haben wir den klassischen Fall, den wir auch haben, wenn es um die Gebühreneinzugszentrale für Radiogebühren geht. Wenn ich in meinem Fernseher alle möglichen Programme empfangen kann, aber versuche der GEZ klarzumachen, ich wolle nur private Sendungen empfangen, so wird man dieses Argument nicht gelten lassen. Mein Gerät kann die öffentlich-rechtlichen Sender empfangen, also ist es gebührenpflichtig. Mit anderen Worten: In dem Moment, in dem Sie ein Merkmal haben, das auch nur im Entferntesten mit einem Individuum in Verbindung gebracht werden kann, haben Sie ohne Zweifel ein sensibles Datum, das Sie nicht einfach so in die Kategorie schieben können: Ich habe es zwar, aber ich brauche es für den Zweck, den das Bundesdatenschutzgesetz hier abdecken möchte, nicht. Insofern, denke ich, macht es sich derjenige, der dieses Gebilde geprägt hat, ein wenig zu einfach. Ich glaube, dass wir die Diskussion darüber noch nicht beendet haben.

Prof. Dr. Friedrich von Zezschwitz,
Hessischer Datenschutzbeauftragter:

Vielen Dank, Herr Greiser, Sie haben mir aus der Seele gesprochen. Das ist ein personenbeziehbares Datum par excellence. Es kann gar keine Diskussion darüber geben. In diesem Zusammenhang von anonymen Daten zu sprechen, ist, wenn man es gnädig ausdrückt, eine Verballhornung der Sprache. Aber das ist nicht die Schuld von Herrn Dr. Rieß. Er hat im Grunde nur die offizielle Lesart vorgetragen. Sie hören das allenthalben von den Herren, zu deren politischem Auftrag es gehört, den Verkehr zu lenken. Es sei anonym, wird schlichtweg in die Welt gestoßen, und viele glauben es zunächst. Aber es ist mitnichten anonym. Darin liegt ein Dissens, der Sie, Herr Dr. Rieß, nicht persönlich angeht.

Dr. Joachim Rieß,
DaimlerCrysler AG:

So empfinde ich das auch gar nicht. Ich gehe mit Ihnen mit, dass das Datum mit dem Zusatzwissen des Kraftfahrzeugbundesamtes personenbeziehbar ist. Das ist ohne Zweifel von der Terminologie des Bundesdatenschutzgesetzes her so. Der Datenkatalog, der erhoben werden darf, ist im Autobahnmautgesetz geregelt, und dort ist geregelt, wann dieser Personenbezug hergestellt werden darf. So lange der Personenbezug nicht hergestellt ist, ist es für den Betreiber nicht personenbeziehbar. So ist die korrekte Definition.

Ich würde sagen – insoweit gehe ich auch mit der Diskussion mit –: Von anonymen Daten zu sprechen, ist vielleicht etwas übertrieben; aber für den Betreiber ist dieses Datum ein Pseudonym, solange er dieses nicht über das Verfahren beim Kraftfahrzeugbundesamt auf den Halter beziehen darf. – So ist es präziser und korrekter ausgedrückt.

Prof. Dr. Friedrich von Zezschwitz,
Hessischer Datenschutzbeauftragter:

Eine letzte Frage habe ich noch, auch an Sie Herr Dr. Rieß. Herr Prof. Rannenberg hat heute Morgen dargestellt, dass auf die Autos bestimmte Software geladen werden kann, möglicherweise im Stehen, möglicherweise auch im Fahren. Dies stellt im Grunde eine dramatische Veränderung dar.

Ich besitze auch einen Wagen der Premiumklasse - derzeit nicht aus Ihrem Konzern. Er wollte neulich nicht mehr. In der Werkstatt hat man mir gesagt: Wir müssen die Software neu aufspielen. Nachdem das geschehen war, wollte er wieder wie zuvor. Auf meinem Einwand, das könne doch nicht sein, hat man in der Werkstatt schlicht erklärt: Jeder Computer stürzt einmal ab. Diese schlichte Erkenntnis hat mich allerdings 80 € gekostet. Das ist offenbar die moderne Welt des hochtechnisierten Autos, mit der ich es da zu tun habe. Deswegen hat mich die Vorstellung geschreckt, Audi, BMW, Mercedes-Benz oder wie immer sie heißen könnten, werde mir plötzlich aus der Ferne eine neue Software aufspielen, mit allen Folgen, die das für mein Auto hat. Vielleicht fährt es schneller, vielleicht fährt es auch gar nicht mehr. Diese Vorstellung beängstigt mich - und sie ist nicht so fern. Wenn wir uns Microsoft ansehen, so spielt uns diese Firma auch Updates ohne Verlangen auf, weil sie vermutet, man wolle immer das Neueste und das möglichst Fehlerfreie haben. Die Technik, die hier vorgestellt worden ist, ist also nicht völlig neu in der Welt.

Gehen Sie vonseiten der Industrie davon aus, dass man diese Technik aus präventiven Servicegründen nutzen sollte, etwa zur Einsparung von Rückrufen, oder sind Sie der Meinung, dass man den Kunden vorher fragt?

Dr. Joachim Rieß,
DaimlerCrysler AG:

Bisher gibt es keinen aktiven Eingriff in ein Fahrzeug per Telekommunikation. Diese Philosophie hat mehrere Gründe. Einer davon ist, dass die Sicherheit bei diesem aktiven Eingriff bisher nicht gewährleistet ist. Wir haben heute Morgen gehört, dass Manipulationsgefahren bestehen, und diese sind äußerst gefährlich. Insoweit sind zwei Rechtsgüter betroffen, das der körperlichen Unversehrtheit und die Persönlichkeitsrechte. Letzte sind ein Rechtsgut, das an dieser Stelle noch viel stärker wirkt. Deshalb gibt es das bisher nicht. Definitive Entscheidung: Erst wenn man sich sicherer wäre, was die Basis- und Sicherheitstechnologien angeht, zu denen ja auch geforscht wird, wäre dies ein reales Szenario. Faktisch gibt es aber die Forschung, die dies ermöglicht. Diese haben wir uns schon mehrmals angeschaut. Ich glaube, ich verrate kein Geheimnis, wenn ich sage: Seitdem die Autos mit so viel Elektronik geladen sind, gibt es mehr Fehleranfälligkeit als bei der reinen Mechanik. Das ist ein Problem. Deshalb muss man umso vorsichtiger damit umgehen.

Aber die Überlegungen gehen in folgende Richtung: Nehmen wir einmal an, ein Schaltersystem im Fahrzeug fällt aus. Dies ist etwas ganz Banales. Beispielsweise könnte der Seitenscheibenheber nicht mehr funktionieren, sodass das Fenster im strömenden Regen nicht mehr geschlossen werden kann. Weil es ein elektronisches Bauteil ist, könnte man diesen Schalter auf einen anderen vorhandenen Schalter umlegen, der im Moment nicht benötigt wird, sodass der arme Mensch seine Scheibe wieder schließen kann und bis zur nächsten Werkstatt kommt. Auf dieser Ebene bewegt sich das. Dies ist heute technisch machbar, wird aber nicht angewandt, weil die Sicherheit bisher nicht gewährleistet ist. Aus diesem Grunde erfolgt kein aktiver Eingriff in das Fahrzeug. Auch das automatische Stoppen von Fahrzeugen gibt es – das haben ich bereits dargestellt – bisher nur in der Erprobung.

Prof. Dr. Friedrich von Zezschwitz,
Hessischer Datenschutzbeauftragter:

Gibt es weitere Fragen von Ihrer Seite? Ich sehe niemanden, der nicht hinreichend in seiner Neugier befriedigt, möglicherweise auch von all denen aufgezeigten Gefahren erschreckt und – im besten Fall – für die eigenen Sicherheitsvorkehrungen belehrt wäre.

Ich danke den Referenten des heutigen Tages sehr für die außerordentlich aufschlussreichen Referate. Selbst ich war von Teilen der Vorträge und den dort aufgezeigten technischen und informationellen Gefahren ernstlich überrascht. Die Lücken in der Sicherheit, die externe Angriffe gestatten, sind offenbar sehr viel größer, als ich sie mir vorgestellt habe. Die Tools, die über das Internet bereitgestellt werden, sind offenbar so perfekt, dass es bei einigermaßen fortgeschrittener EDV-Kenntnis durchaus keine Schwierigkeit darstellt, in fremde Netze hineinzugehen. Vielen von Ihnen wird es so ergangen sein wie mir: Wir werden mit sehr viel mehr Gefahren konfrontiert, als ich heute Morgen um zehn Uhr noch erwartete.

Darin liegt der eigentliche Sinn einer Veranstaltung wie der heutigen: Wach zu machen im Hinblick auf das, was an Risiken droht, natürlich auch für den Nutzen der neuen Systeme, aber immer die Abwägung im Hinterkopf zu behalten und zu fragen: Wie hoch wiegt der Nutzen, wo überwiegen möglicherweise die informationellen Schadenspotenziale? Bei dieser Überlegung handelt es sich um die typische, für Juristen alltäglich anzustellende Verhältnismäßigkeitsabwägung: Was bringt uns das System, und was kostet es uns? Dies bewusst gemacht zu haben, ist ein großes Verdienst aller Referentinnen und Referenten. Dafür und für alle übrigen Mühen danke ich Ihnen sehr.

Den Anwesenden danke ich für ihre Aufmerksamkeit und für ihr Durchhaltevermögen. Ich bin mir bewusst: Vier Uhr ist für denkende Menschen noch keine Zeit des Verzagens. Gleichwohl haben wir Sie arg strapaziert. Keine Pause am Vormittag und keine Pause am Nachmittag – das ist nicht immer leistbar. Ich danke Ihnen auch dafür.

Ich hoffe, dass Sie, wenn Sie jetzt nach Hause fahren, nicht mit dem LKW unterwegs sind und deswegen nicht erfasst werden. Bei Pkw könnten uns allerdings Rotblitze erwarten. Ich kann Ihnen natürlich nicht voraussagen, wo sie stehen, denn das wechselt. In diesem Sinne wünsche ich Ihnen einen guten Heimweg. Auf Wiedersehen!

Das gesamte **Nomos** Programm ▸ suchen ▸▸ finden ▸▸▸ bestellen unter **www.nomos.de**

Forum Datenschutz

Herausgegeben von Prof. Dr. Rainer Hamm und Klaus Peter Möller

Datenschutz und Medien

Herausgegeben von Klaus Peter Möller und
Prof. Dr. Friedrich von Zezschwitz

2003, Band 10, 103 S., brosch., 20,– €, ISBN 3-8329-0036-5

Zwischen den Grundrechten der Pressefreiheit und der informationellen Selbstbestimmung besteht eine starkes Spannungsfeld. Die Länderparlamente haben dafür zu sogen, dass zwischen der Wahrung beider Grundrechte ein angemessener Ausgleich geschaffen wird.

Verwaltung im Zeitalter des Internet

Vernetzte Verwaltung und Datenschutz

Herausgegeben von Klaus Peter Möller und
Prof. Dr. Friedrich von Zezschwitz

2002, Band 9, 164 S., brosch., 29,– €, ISBN 3-7890-7992-8

Die vorliegende Veröffentlichung ist dazu bestimmt, den vielseitigen rechtlichen und verwaltungspolitischen Anforderungen Leitlinien zu vermitteln, die die technische Innovation, die Bürgerfreundlichkeit und den Datenschutz in Einklang bringen.

Videoüberwachung – Wohltat oder Plage?

Herausgegeben von Klaus Peter Möller und
Prof. Dr. Friedrich von Zezschwitz

2000, Band 8, 129 S., brosch., 24,– €, ISBN 3-7890-7018-1

Der Einsatz von Bildaufzeichnungsgeräten im öffentlichen Raum ist zu einem zentralen Thema des Verfassungs-, Datenschutz- und Polizeirechts geworden. Die Autoren der Beiträge machen mit einer Fülle wissenschaftlicher und empirischer Befunde zum Thema vertraut und ermöglichen dem Leser so eine eigenständige Urteilsbildung.

Informieren Sie sich im Internet unter
www.nomos.de über die früher
erschienenen und noch verfügbaren
Bände dieser Schriftenreihe.

Nomos